시작하며

어린이 여러분, 반가워요. 나는 이 책을 쓰고 그림을 그린 기노시타 치히로예요. 바다거북부터 바닷새까지 여러 해양 동물을 연구한답니다. 그림 그리기를 좋아해서 일러스트레이터로도 활약하고 있어요.

여러분도 동물을 좋아하나요? 왜 좋아하나요? 무엇이 특히 좋은가요? '귀여워서', '멋있어서', '신기해서', '좀 특이해서'…. 저마다 동물에 대해 느끼는 감정과 생각은 다 다를 거예요.

우리 주변에는 새, 곤충, 물고기, 개구리처럼 무척 다양한 동물들이 살아요. 도시에서도 의외로 많은 동물을 만날 수 있지요. 돌고래나 상어가 보고 싶어서 수족관에 가본 적이 있지요? 사자를 좋아해서 동물원에 가거나, 날다람쥐를 관찰하려고 숲으로 향한 적도 있을 거예요. 요즘은 인터넷이나 텔레비전을 통해 지구 반대편에 사는 동물에 대해서도 쉽게 알 수 있어요.

내가 어렸을 적에 동물을 만나던 곳은 집 앞을 흐르는 하천이었어요. 하천을 들여다보면 커다란 메기가 수초 사이로 슬그머니 고개를 내밀기도 하고, 바위를 뒤집으면 그 밑에 가재가 숨어 있기도 했어요. 하천 속 동물 세상을 구경하느라 매일 시간 가는 줄 몰랐답니다.

여러 동물을 알게 되면서 '왜 이렇게 생겼을까?', '왜 이런 행동을 할까?'라는 궁금증도 점차 쌓여 갔지요.

시간이 흘러 대학생이 된 후에 '행동생태학'이라는 학문을 알게 되었어요. 행동생태학에서는 동물이 어떤 행동을 했을 때 얻는 '이득'과 '손해'에 주목해서 행동의 이유와 이론을 밝히고, 실제 사례도 설명했어요. 나는 마치 새로운 세상을 만난 듯이, 동물을 발견할 때마다 '이 행동에는 특별한 의미가 있을 거야!'라면서 상상의 나래를 펼쳤지요.

이 책에는 조그만 개미부터 거대한 고래까지 많은 동물의 행동과 생태가 담겨 있어요. 그중에는 저절로 웃음이 나는 재미난 모습도 있고, 신기한 모습도 있을 거예요. 하지만 동물의 모든 행동에는 대체로 이유가 있어요. 각 분야에서 쌓아 올린 수많은 연구 덕분에 그 비밀을 풀어 나갈 수 있답니다.

책을 읽으면서 '귀엽다!', '와, 정말 신기한걸.', '이상한데?' 등을 떠올리기 전에 동물들이 살아가는 모습을 머릿속에 그려 보세요. 우리에게 익숙한 동물도 분명히 다르게 보일 거예요. 이 과정을 통해 동물을 관찰하고 만나는 일이 더욱 즐거워지면 좋겠어요.

이 책을 즐기는 방법

이야기의 주인공인 개성 만점 동물을 소개해요.

동물의 행동이나 생태에 집중해요. 정체를 알 수 없는 모습이 많아요.

깊이 조사하고 탐구해서 '알게 된 사실'을 바탕으로 동물의 비밀을 밝혀내요.

연구자는 동물이 어떤 행동을 하는 이유가 무엇인지 탐구해요. (여러분도 함께 생각해 봐요!)

여러 동물의 비슷한 행동에 주목해 자세히 파헤쳐요.

이 책을 만든 이유

연구자는 자신의 연구 성과를 세상에 발표할 때 '논문'이라는 글을 써야 해요. 논문에는 어떤 이유와 과정으로 연구를 시작했는지, 어떤 방법을 통해서 어떤 결과를 확인했는지, 결과를 어떻게 해석했는지 매우 진지하게 적어요. 연구 성과도 흥미진진하지만, 연구자가 끈기 있게 도전해서 찾아낸 반짝이는 아이디어와 관찰력을 보면 "천재다!" 하고 감탄하게 되기도 해요. 한 편의 영화처럼 감동적인 논문도 있는데, 이런 논문을 읽고 나면 세상이 완전히 다르게 보여요. 하지만 논문은 누구나 쉽게 읽을 수 있는 단어와 구성으로 쓰지 않아요. 언제라도 실험 결과를 재현할 수 있도록 정해진 형식에 맞춰 엄격하고 정확하게 써야 하기 때문이에요.

나는 '논문의 핵심 내용만이라도 아이부터 어른까지 재밌게 읽을 수 있다면 참 좋을 텐데…' 하는 아쉬움을 느꼈어요. 그래서 나름대로 머리를 굴려 방법을 짜냈어요. 바로 '글자를 최소한으로 줄이고, 그림으로 내용 전달하기'였어요. 동물의 행동과 생태뿐 아니라 연구자가 왜 이 연구를 시작했는지 그 이유까지 눈길을 끌 수 있도록 구성도 고민했지요. 당연히 바탕이 되는 논문이 정확하고 확실해야 한다는 점도 중요했어요. 여러 연구의 값진 성과를 즐기는 마음으로 읽어 보세요.

> 이 책을 읽는 어린이 여러분에게
> - 논문의 흐름에 따라 내용을 소개했지만 경과를 생략하거나, 여러 논문을 통합하거나, 연구자의 인터뷰 기사 등을 참조한 부분도 있습니다.
> - 연구자의 소속은 논문 발표 시점을 기준으로 했습니다.
> - 참조한 논문 정보는 책의 뒷부분에 정리했습니다.

'왜?'라는 질문의 답은 하나가 아니에요

자, 여러분이 공원을 산책하는 모습을 떠올려 보세요. 눈앞에 작은 새가 날아와 아름다운 소리로 노래를 부르네요. 그 순간 여러분의 머릿속에 물음표가 '하나' 떠올라요. '이 새는 왜 이렇게 예쁜 목소리로 지저귈까?'

'왜'라는 질문은 여러 가지로 해석할 수 있어요. 네덜란드의 동물행동학자 니코 틴버겐은 동물 행동에 대한 의문을 네 가지 관점으로 살펴볼 수 있다고 주장했어요. 어떤 내용인지 한번 살펴볼까요?

질문 1 새가 지저귀는 소리에는 어떤 기능이 있을까?
새가 아름다운 소리로 지저귀는 행동이 더 오래 생존하거나 자손을 남기는 일에 어떤 도움을 주는지 살펴보는 관점이에요.

질문 2 지저귀는 소리는 어떻게 발달했을까?
새가 어떤 유전 정보를 가졌고, 어떻게 주위의 영향을 받아 지금과 같이 지저귀게 되었는지 발달에 주목하는 관점이에요.

질문 3 지저귀는 소리의 원리는 무엇일까?
새가 지저귀는 소리를 내기까지 몸속의 신경 및 감각 시스템, 호르몬 농도, 근육 등 여러 요소가 어떻게 작용하는지 생각하는 관점이에요.

질문 4 지저귀는 소리는 어떻게 진화했을까?
지저귀는 소리가 새의 조상 중 어느 단계에서 생겼고, 어떻게 변화해서 지금까지 이어졌는지 추적하는 관점이에요.

이 네 가지 관점 덕분에 '왜'라는 질문에 접근하는 네 가지 생각법을 통해 동물의 행동을 분자 단위에서 진화까지 통합해서 바라볼 수 있게 되었어요. 이 책에서는 주로 '질문 1'에 해당하는 '동물의 행동에는 어떤 기능이 있을까?'에 대해 다뤄요.

차례

시작하며 ·· 2
이 책을 즐기는 방법 ··· 4
이 책을 만든 이유 ··· 5
'왜?'라는 질문의 답은 하나가 아니에요 ····································· 6

제1장 상상을 뛰어넘는 전략으로 먹이 확보 ······ 10

사각사각! 잎에 열심히 구멍을 뚫는 뒤영벌 ································ 12
조류 농장을 완벽하게 관리하는 자리돔 ····································· 14
전기뱀장어의 짜릿한 사냥법 ··· 16
겁먹은 물고기 떼를 속이는 혹등고래 ·· 18
개복치, 심해로 향하다 ·· 20
능숙한 선배 뒤만 졸졸! 초보 갈색얼가니새 ································ 22
비교해 보자 ① 도구를 사용하는 동물들 ···································· 24
새의 눈물은 ○○맛? ·· 28
임연수어 군단의 맹렬한 회오리 사냥 ·· 30
불로 사냥을? 불 지르는 솔개의 비밀 ······································· 32
유연한 수염으로 먹이를 잡는 어둠의 사냥꾼 ······························ 34
한발 먼저 알아채는 눈치 빠른 집박쥐 ······································ 36
엄청난 추위 속 장수거북의 해파리 먹기 투어 ····························· 38
비교해 보자 ② 체온으로 알 수 있는 동물의 생태 ························ 40

제2장 천적에게 맞서 살아남는 방법 ················ 44

머리가 풍선처럼 부푸는 올챙이 ··· 46
비교해 보자 ③ 주변 조건에 따라 바뀌는 동물의 몸과 행동 ············ 48

은밀하게 스르륵… 장어의 놀라운 탈출 방법 ······················ 52
소곤소곤 대화하는 남방참고래 ···································· 54
`비교해 보자 ④` 곤충들의 의태 ··· 56
가장 적합하게 역할을 나누는 진딧물 ······························ 60
꿀벌의 비밀스러운 무기 ··· 62
`비교해 보자 ⑤` 집단 진사회성으로 역할을 나누는 곤충들 ········· 64
승자 효과로 승부를 뒤집은 미국가재 ······························ 68

제3장 사랑을 얻기 위한 정면 승부 ················ 70

태양의 힘을 빌려 구애하는 벌새 ··································· 72
알락꼬리여우원숭이의 매혹적인 체취 ····························· 74
가위바위보와 비슷한 도마뱀의 생태 ······························ 76
착시 효과로 암컷을 유혹하는 큰바우어새 ························ 78
광대노린재의 고난도 구애 춤 ······································ 80

제4장 이상하고 신기한 무리 생활 ················ 82

침팬지 가족의 끈끈한 유대 관계 ··································· 84
웨들바다표범의 엄청나게 추운 수영 교실 ························ 86
바닷새가 알려주는 지속 가능한 육아법 ··························· 88
범고래 할머니의 꾀주머니 ·· 90
소리와 맛으로 친구를 알아보는 돌고래 ··························· 92
`비교해 보자 ⑥` 힘(지위)을 나타내는 몸의 무늬 ····················· 94
닭새우의 사회적 거리 두기 ··· 98
남의 새끼를 유괴해서 일꾼으로 부리는 벌거숭이두더지쥐 ······ 100

비교해 보자 ⑦ 나 홀로 생활이 좋을까, 무리 생활이 좋을까? ············· 102
각자 역할을 맡아 무리 지어 사냥하는 사자 ···················· 106
육아 도우미, 흰목벌잡이새 ································· 108
꿀물로 개미를 조종하는 나비 애벌레 ·························· 110
거북의 등에 펼쳐진 세계 ··································· 112

제5장 끝없이 이어지는 새로운 발견 ············· 114

멀리서 태풍이 오는 걸 느끼고 피하는 작은 새 ···················· 116
산을 넘는 바닷새, 슴새 ···································· 118
학습 능력이 너무 높으면 일찍 죽는 파리 ························ 120
알을 낳을 때 심장이 멈추는 연어 ····························· 122
바다 밑의 불도저, 모래무치염통성게 ··························· 124
먹잇감을 유혹하는 황금무당거미의 색과 모양 ···················· 126
플라스틱 쓰레기를 먹거나, 먹지 않는 바다거북 ···················· 128
비교해 보자 ⑧ 가축화한 동물들 ····························· 130
줄어드는 남극 빙하, 늘어나는 펭귄 ··························· 134
비교해 보자 ⑨ 지구가 뜨거워지면? ··························· 136
빙글빙글 도는 해양 동물의 비밀 ····························· 140

동물 연구 현장의 이모저모 ································· 142
마치며 ·· 146
미니 동물도감 ·· 148
참고문헌 ·· 154

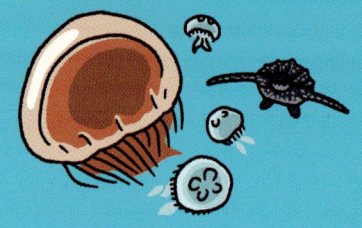

제1장

상상을 뛰어넘는 전략으로 먹이 확보

사각사각! 잎에 열심히 구멍을 뚫는 뒤영벌

서양뒤영벌은 여왕벌이 겨울잠에서 깨면 새로운 군집을 만들기 위해 꽃가루와 꿀을 부지런히 모아요.

서양뒤영벌
학명: Bombus terrestris

원산지는 유럽이며, 꽃가루를 옮겨 주는 곤충으로 우리나라에 수입되었어요.

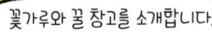
꽃가루와 꿀 창고를 소개합니다. 여왕벌
가득가득

그런데 겨울잠에서 너무 일찍 깨면, 아직 꽃이 피지 않아서 꽃가루와 꿀을 충분히 모을 수 없어요.

앗! 꽃이 없잖아!
너무 빨리 왔으니까 그럴지.

어떡하지?

이 상황을 관찰하던 스위스 취리히 연방공과대학의 파살리두 박사는 벌의 수상한 움직임을 발견했어요. 벌은 잎에 열심히 구멍을 뚫고 있었어요.

파살리두 박사

잎에 왜 구멍을 뚫는데…?
열심… 열심…
뒤영벌이 만든 구멍
식물 잎

뒤영벌은 어째서 그런 행동을 했을까? 그리고 잎에 구멍이 난 식물은 괜찮을까?

그래서 파살리두 박사와 동료들은 다음 세 가지 실험을 통해 벌이 잎에 구멍을 뚫은 이유를 연구했어요.

조류 농장을 완벽하게 관리하는 자리돔

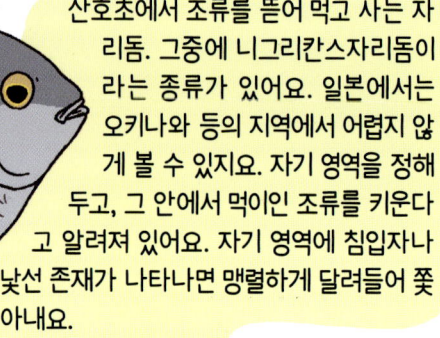

산호초에서 조류를 뜯어 먹고 사는 자리돔. 그중에 니그리칸스자리돔이라는 종류가 있어요. 일본에서는 오키나와 등의 지역에서 어렵지 않게 볼 수 있지요. 자기 영역을 정해 두고, 그 안에서 먹이인 조류를 키운다고 알려져 있어요. 자기 영역에 침입자나 낯선 존재가 나타나면 맹렬하게 달려들어 쫓아내요.

니그리칸스자리돔
학명: Stegastes nigricans
인도양과 태평양의 산호초 지대에 분포해요.

다양한 먹이를 키우는 밭, 한 가지만 키우는 밭

다른 자리돔의 영역에는 여러 종류의 조류가 자라요. 하지만 니그리칸스자리돔의 영역에는 오직 한 종류의 조류만 자라요.

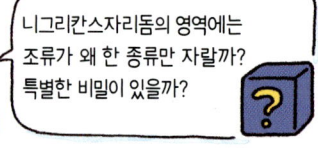

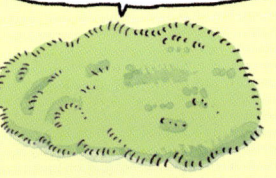

전기뱀장어의 짜릿한 사냥법

먹이 사냥을 할 때 전기 충격 기술을 사용하는 전기뱀장어. 원래는 의사소통하는 방법이었던 약한 전기 능력이 진화를 거듭하면서 강력해졌다고 해요. 상황에 따라 3단계로 전기 세기를 구분해서 사용하지요.

전기뱀장어
학명: Electrophorus electricus
남아메리카의 하천에 분포해요.

① 주변 상황을 탐지하는 약한 전기
② 짧게 내보내는 조금 센 전기
③ 먹잇감의 숨통을 끊는 강력한 전기

보통 뱀장어와는 완전히 다른 녀석이야.

뱀장어

우리 전기뱀장어는 한밤중에 사냥하지.

전기뱀장어는 앞이 전혀 보이지 않는 캄캄한 밤에 어떻게 사냥을 할까?

← 동물 신경 생물학자 카타냐 박사

카타냐 박사는 전기뱀장어가 사냥할 때 움직임과 전기의 세기를 조사하고

전기 공격을 받은 물고기의 반응을 살펴보았어요.

알게 된 사실 ①

전기 공격을 받고 감전된 물고기는 몸을 떠는 경련을 일으켰다.

순간적으로 강한 전기(②단계 전기)를 흘려보내자, 물고기들은 경련을 일으켰고 물의 흐름이 달라졌어. 전기뱀장어는 얇은 젤라틴 막으로 주변 환경의 미세한 변화를 귀신처럼 잘 알아채니까, 어둠 속에서도 먹이의 위치를 파악할 수 있을 거야.

알게 된 사실 ②

몸을 둥글게 말아서 전기를 더 강하게 내보내 먹잇감의 숨통을 끊는다.

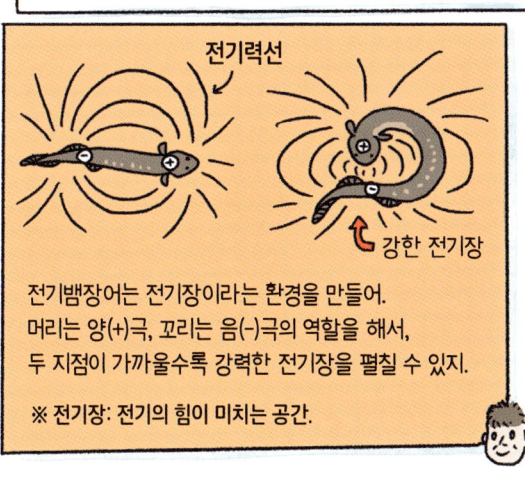

전기뱀장어는 전기장이라는 환경을 만들어. 머리는 양(+)극, 꼬리는 음(-)극의 역할을 해서, 두 지점이 가까울수록 강력한 전기장을 펼칠 수 있지.

※ 전기장: 전기의 힘이 미치는 공간.

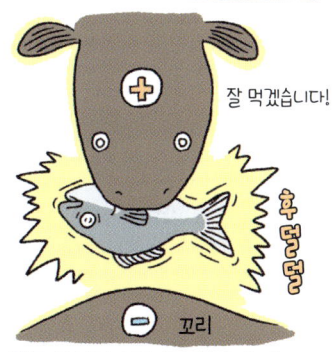

몸을 구부리면 전기의 힘이 몇 배로 강력해져서, 먹잇감은 2초 정도만 지나도 움직이지 않게 돼요! (왼쪽 페이지의 ③단계 전기)

 전기뱀장어의 사냥법

이 사냥법은 덩치 큰 녀석도 당해 낼 방법이 없지.

① 먹잇감을 발견해요.

② 전기를 흘려보내면서 다가간 다음, 입으로 꽉 물어요.

③ 몸을 구부려서 만든 강력한 전기로 숨통을 끊어요.

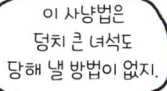

④ 맛있게 먹어요.

겁먹은 물고기 떼를 속이는 혹등고래

혹등고래 학명: Megaptera novaeangliae

전 세계 해역에 분포하고, 해안가에 나타나기도 해요.

몸길이 15m, 몸무게 40톤에 달하는 혹등고래. 하루에 2,500kg의 먹이를 먹어 치우기도 한대요. 지역과 먹이에 따라 다른 사냥 기술을 선보여요.

물고기

돌진 사냥법

힘차게 돌진하다가 입을 벌리면, 입안으로 물고기 떼가 쓸려 들어가요.

꼬리 충격파 사냥법

꼬리로 수면을 강하게 내리쳐서 거품을 잔뜩 일으키고, 먹잇감이 혼란에 빠진 틈에 잡아먹어요.

바닥 사냥법

바다 밑 모래 속에 숨어 있는 물고기를 턱으로 긁어내서 잡아먹어요.

거품 그물 사냥법

머리의 숨구멍으로 공기 방울을 뿜어내 그물처럼 펼치고, 여기에 갇힌 먹이를 아래에서 위로 헤엄치며 한입에 삼켜요.

어느 날, 고래를 연구하는 맥밀런 연구원은 캐나다 혹등고래의 특이한 행동을 발견했어요.

바다 위에서 입을 쩍 벌리고 있네… 무슨 행동이지?

맥밀런 연구원

먹이는 언제나 '돌진 사냥법'으로 먹던 고래가….

그래서 고래가 언제 어디서 입을 벌리는지, 고래 주변에서 무슨 일이 벌어지는지 조사했어요.

알게 된 사실 ①

물고기 떼의 피난처인 척하다가 한꺼번에 삼키는 '함정 사냥'을 했다.

혹등고래가 입을 활짝 벌리는 행동은 물새 무리의 아래에서 발견됐어요. 물새가 바다에 잠수해 물고기를 쫓자, 혹등고래는 입을 크게 벌려 물고기의 은신처를 만들었어요. 궁지에 몰린 물고기 떼는 혹등고래의 입속으로 앞다투어 뛰어들었어요. 혹등고래는 가슴지느러미를 부드럽게 휘저으며 물고기를 끌어모아 모조리 꿀꺽해 버렸답니다!

혹등고래의 함정 사냥법

어서들 와.

물밑에서 엄청난 일이….

커다란 가슴지느러미를 움직이면, 물고기가 놀라서 어두운 쪽(고래의 입속)으로 도망치는 것 같아요.

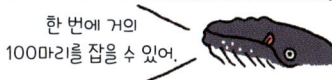

한 번에 거의 100마리를 잡을 수 있어.

물고기 떼가 넓게 퍼져 있을 때 자주 보이는 함정 사냥법. 고래가 쉽게 배를 채우는 방법일지도 모른다.

알게 된 사실 ②

함정 사냥법을 시도하는 혹등고래가 해마다 증가했다.

2011 ?
2012 ?
2014 왜 저래?
2015 엄청 많아졌어!

고래들끼리 서로의 행동을 보고 학습한 결과, 함정 사냥법이 널리 퍼진 것으로 보여요.

이런 방법이 있었다니!

개복치, 심해로 향하다

개복치 몸에 붙은 기생충을 노리는 앨버트로스

↑ 바다 위에 둥둥 떠 있는 개복치

발달한 등지느러미와 뒷지느러미를 좌우로 움직이며 헤엄쳐요.

개복치의 앞모습

← 등지느러미

몸무게가 500kg를 넘는 대형 복어목 어류

개복치
학명: Mola mola
열대에서 온대 지역의 먼바다에 분포해요.

깊고 먼바다에 사는 개복치류, 상어류, 청새치류 등의 대형 어류는 종종 수심 200m보다 더 깊은 곳까지 내려가요.

← 뒷지느러미

따뜻한 위쪽 바다, 차가운 아래쪽 바다

바다는 위쪽인 표층이 따뜻하고 아래쪽인 심해가 차가운 것처럼, 깊이에 따라 온도 환경이 완전히 달라져요. 개복치는 표층과 심해를 오가며 지내는데, 그 이유는 확실하게 밝혀지지 않았어요.

따뜻함 / 차가움

차가운 심해에서 무엇을 할까?

개복치는 변온 동물에 속하는 어류라서 주변 온도가 떨어지면, 덩달아 체온이 내려갈 거야. 그런데 도대체 왜 춥디추운 심해까지 잠수하는 걸까?

← 어류의 체온과 행동을 연구하는 나카무라 박사

체온계와 비디오카메라를 이용해서 조사

뭐야?

뭘까?

동갈방어

알게 된 사실

개복치는 심해에서 먹이를 잡아먹고, 그동안 떨어진 체온을 따뜻한 해수면에서 회복했다.

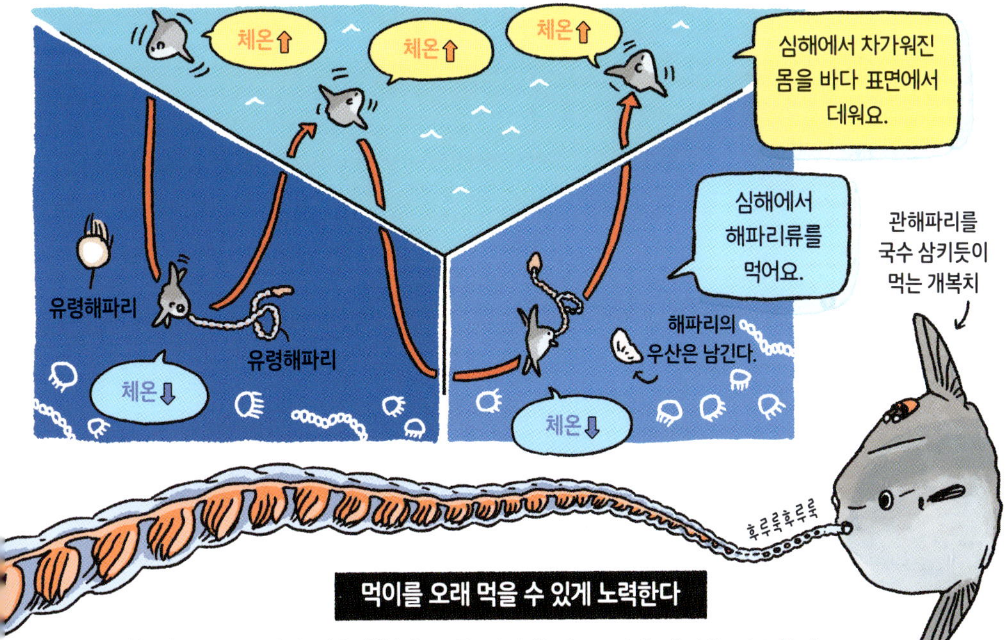

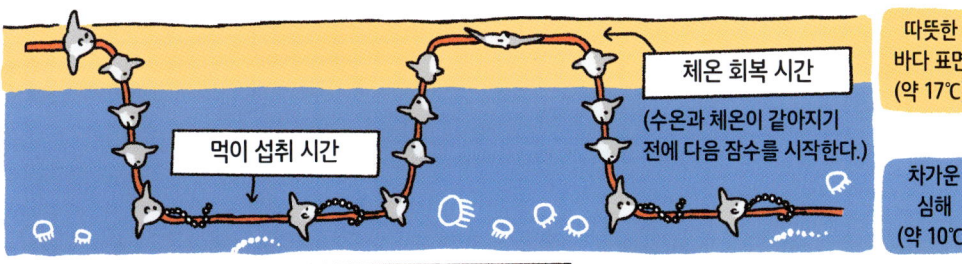

먹이를 오래 먹을 수 있게 노력한다

개복치는 해수면에서 체온 회복을 조금 일찍 끝내고, 심해 사냥을 여유롭게 하는 방법을 사용했어요.

능숙한 선배 뒤만 졸졸! 초보 갈색얼가니새

새끼

어른 새
어린 새

갈색얼가니새
학명: Sula leucogaster
황새목에 속하며, 열대와 아열대 해역에 서식해요. 눈 주위와 부리 뒤쪽이 푸른빛을 띠어요.

바다 위를 날아다니다가 물고기나 오징어를 발견하면 쏜살같이 물속에 뛰어들어 잡아채는 갈색얼가니새. 외딴섬 등의 바위 위에 둥지를 틀고 새끼를 키워요. 어린 새는 100일 정도 지나면 둥지를 떠나 스스로 먹이를 찾아요.

알에서 나온 지 약 5일째 → 약 25일째 → 약 75일째 → 약 100일째

능숙한 개체
오늘 저녁밥은 이쪽!
오, 따라가자.
어린 개체

물고기 연구에서는 어리고 미숙한 개체가 근처에 있는 능숙한 개체 뒤를 몰래 따라다니거나, 행동을 흉내 내는 모습을 볼 수 있어요. 능숙한 개체를 따라 하면 목숨이 위험한 상황을 피할 수 있고, 먹이도 많이 먹을 수 있지요.

비디오카메라

둥지를 떠난 지 얼마 안 된 어린 새의 몸에 비디오카메라를 달았어요.

조류를 연구하는 요다 박사
막 둥지를 떠난 새끼는 낯선 장소에서 어떻게 먹이를 찾을까?

도구를 사용하는 동물들

세상에서 도구를 사용하는 존재가 인간뿐이라고 믿던 시대도 있었지만, 지금은 도구를 사용하는 동물이 많다는 사실이 널리 알려졌어요. 도구를 사용하면 몸에 특별한 무기나 기능이 없어도 먹이를 쉽게 구할 수 있어요.

검은머리카푸친
학명: Cebus apella
남아메리카의 밀림에 서식해요.

— 돌
— 나무열매
콱직

아하!
이걸 써 볼까?

검은머리카푸친은 딱딱한 나무 열매를 무거운 돌로 내리쳐서 깨는 것으로 유명해요. 새끼 원숭이는 어른 원숭이가 돌로 야자열매를 부수는 모습을 보고 배워요.

침팬지

학명: Pan troglodytes
아프리카의 열대 우림과 사바나 초원에 서식해요.

침팬지는 탑처럼 생긴 흰개미 둥지에 가느다란 나뭇가지나 풀줄기를 쑤셔 넣고, 그 끝에 매달린 흰개미를 낚시하듯이 꺼내서 잡아먹어요. 둥지에 구멍을 뚫는 단단한 막대기, 흰개미를 끄집어내는 부드러운 막대기로 용도에 따라 구분해서 사용해요.

코가 막히면…

탄자니아에 사는 침팬지는 얇은 나뭇가지와 풀을 꼬아서 콧구멍 속에 집어넣어요. 일부러 크게 재채기를 해서 코막힘을 해결하려는 거예요.

새의 눈물은 ○○맛?

나방은 평소 꽃의 꿀이나 수액, 과실즙 등을 빨아 먹고 살아요. 하지만 일부 지역에서는 보기 드문 식성을 보이는 나방이 있어요.

고르곤마카레아밤나방
학명: Gorgone macarea
아마존 정글에 서식하는 야행성 나방이에요.

생태학자인 레안드로 모라에스는 한밤에 아마존 정글을 조사하다가 묘한 장면을 보았어요. 나뭇가지에 앉아 쉬는 검은턱개미잡이새의 머리 뒤쪽에 고르곤마카레아밤나방이 앉아 있는 게 아니겠어요?

관찰과 과거 자료를 통해 짐작할 수 있는 사실

새의 눈물을 먹고 영양분을 보충한다고?

나방은 눈물을 먹고 미네랄이나 단백질을 얻는 것으로 생각돼요.

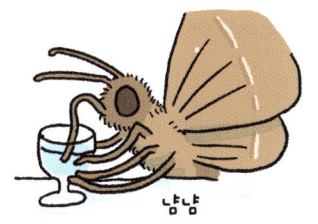

미네랄과 단백질을 충분히 먹은 나방은 비행 능력과 번식 성공률이 높다는 보고도 있어요.

어떤 동물의 눈물을 선택할까?

나방은 지금까지 악어와 거북처럼 움직임이 느린 동물의 눈물을 먹는다고 알려져 왔어요.

체온

그런데 새의 눈물을 빨아 먹는 나방이 있었어요. 어떤 새는 밤이 되면 체온을 낮춰서 겨울잠에 빠지듯이 비활동 상태가 되어요. 움직임이 거의 없어지는 대신 에너지를 쓸데없이 낭비하지 않지요. 나방은 이때를 이용해 새의 눈물을 먹어요.

새가 움직이지 않는 때를 노리면 안전하게 눈물을 마실 수 있지 않을까?

만약 새가 잠이 깨더라도 재빨리 도망갈 수 있게 뒤쪽에서 몰래 빨대를 뻗자!

임연수어 군단의 맹렬한 회오리 사냥

뭐지? 뭐야?
쥐돌고래

건어물 가게에서 쉽게 볼 수 있는 임연수어는 사실 이름만 비슷한 '단기임연수어'예요.

좋뭉니가 더 진해.

임연수어
학명: Pleurogrammus azonus
아시아 동북쪽의 연안부에 분포해요.

임연수어는 수심 100m 정도의 완만한 해저에 사는 몸길이 30cm 정도의 물고기예요. 바닷속에 플랑크톤이 대량으로 발생하는 봄부터 초여름 무렵이 되면, 홋카이도의 오쿠시리섬이나 리시리섬 근처 바다의 표층에 '임연수어 기둥'으로 불리는 거대한 기둥 모양의 물고기 떼가 나타나요. 임연수어 기둥 위에는 회오리 모양의 소용돌이가 생겨요.

임연수어는 헤엄치지 않으면 몸이 가라앉아요.
꼬록꼬로록

몸의 비중이 바닷물보다 크기 때문이에요.

엄청나게 많은 임연수어

헤엄쳐! 멈추지 마! 달려라! 임연수어!

❓ 임연수어 기둥이 생기는 이유는?

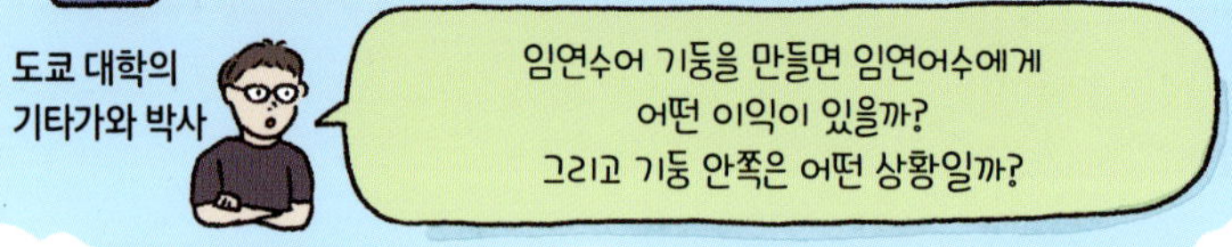

도쿄 대학의 기타가와 박사

임연수어 기둥을 만들면 임연어수에게 어떤 이익이 있을까? 그리고 기둥 안쪽은 어떤 상황일까?

조사 장소인 오쿠시리섬 홋카이도

이 질문의 답을 찾기 위해 홋카이도의 오쿠시리섬에 나타난 임연수어 기둥을 자세히 관찰했어요.

표층의 바닷물을 채집

임연수어 기둥 위에 생긴 소용돌이

임연수어 기둥을 물속에서 촬영

임연수어 기둥을 촬영한 영상을 바탕으로 소용돌이의 물리적인 특성을 분석

불로 사냥을?
불 지르는 솔개의 비밀

솔개
학명: Milvus migrans
유라시아, 아프리카, 오스트레일리아 대륙에 넓게 분포해요.

호주(오스트레일리아)의 북부에 넓게 펼쳐진 열대 초원에는 건조 등의 원인으로 이따금 화재가 발생해요. 이때 솔개와 같은 대형 맹금류가 모여서, 불길을 피해 탈출하는 작은 동물을 사냥하는 모습을 종종 볼 수 있어요.

일본의 해안가나 산지 부근에서도 자주 보이는 맹금류

이걸 노리는 건가?

열대 초원
호주
휘파람솔개
갈색매
솔개

불붙은 나무를 옮긴다?

그중에는 새들이 불붙은 나뭇가지를 화재가 번지지 않은 장소까지 옮겼다는 소문도 있었어요.

내가 증인이야.

용의자

민족 조류학자 본터 박사

이 소문이 진짜일까? 좋아, 조사해 보자.

솔개의 이런 행동은 이 지역에 오래전부터 살던 원주민 사이에서는 이미 유명했지만, 증거가 될 만한 정보가 부족했어요.

그래서 본터 박사와 연구진은 문헌 조사, 원주민 인터뷰, 직접 관찰 등을 통해 정보를 모았어요.

알게 된 사실 ①

화재 현장에 솔개가 있다

화재 현장에서는 솔개가 자주 목격되었어요. 화재가 난 맨 앞쪽에 수십 마리의 솔개가 모여 있기도 했어요.

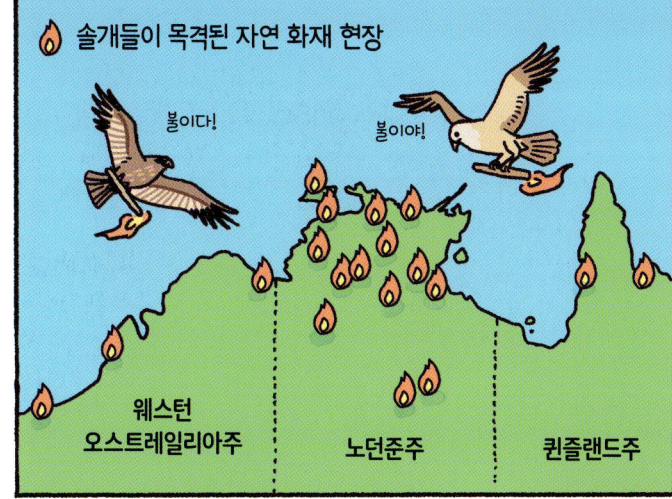

솔개들이 목격된 자연 화재 현장
불이다! 불이야!
웨스턴 오스트레일리아주 / 노던준주 / 퀸즐랜드주

알게 된 사실 ②

불씨를 옮긴다

솔개들이 불붙은 나뭇가지를 옮기는 모습이 몇 차례나 확인되었어요. 일부 지역에서는 불타는 나뭇가지가 불이 아직 번지지 않은 장소에 떨어져서 활활 탔어요.

툭 / 하르르

불 지르는 솔개는 실제로 존재한다

원주민들은 이미 알고 있던 불 지르는 솔개, '파이어 호크'가 실제로 존재한다는 사실이 본터 박사의 연구로 확실하게 드러났어요. 방화의 목적은 현재 조사 중이에요.

오스트레일리아 북부는 원래 자연 화재가 발생하기 쉬운 곳으로, 일시적인 화재는 생태계 유지에 중요한 역할을 하기도 한단다. 나무의 밀도를 줄여 주어 빛이 잘 들어와서 식물이 잘 자라게 되거든.

소방차가 계속 출동하겠지만 말이야.

유연한 수염으로 먹이를 잡는 어둠의 사냥꾼

북방코끼리물범
학명: Mirounga angustirostris
북태평양의 중동부 연안~근해에 분포해요.

암컷 (몸이 수컷보다 작다)

수컷의 코는 길다.

북방코끼리바다표범으로도 불려요. 기각류(바다사자, 해마, 물범 등) 중에서 1, 2위를 다투는 심해 다이버예요. 평소 잠수하는 깊이는 400m지만, 1,500m를 넘을 때도 있지요. 수컷과 암컷은 먹이와 사냥터가 달라요.

난 해안가에서 엄청나게 큰 물고기를 먹는다고! 오징어도 먹지. — 수컷

나는 먼바다까지 나가거든! 네가 꿀꺽샛비늘치 맛을 알아? — 암컷

북방코끼리물범이 잠수하는 깊은 바다는 햇빛이 닿지 않아서 캄캄해요. 향유고래를 비롯한 이빨고래 종류는 에코로케이션으로 칠흑 같은 어둠 속에서도 먹이를 찾아요. 하지만 그런 능력이 없는 **북방코끼리물범의 사냥 방법은 오랫동안 비밀에 싸여 있었어요.**

초음파 → 오징어 발견
으악!
난 에코로케이션 능력이 없어.

※ 에코로케이션: 초음파로 사물의 위치를 조사하는 방법

 수염으로 먹이 찾기?

수염으로 먹이를 찾는다던데, 진짜일까…?

물범을 연구하는 아다치 박사

작은 장치를 달아서 관찰했어.

북방코끼리물범 →

비디오카메라
북방코끼리물범이 볼 수 없는 빛을 켜서 수염 모양을 녹화했어요.

가속도·심도기록계 +빛 센서
턱의 움직임으로 언제, 어느 깊이에서 먹이를 먹었는지 기록하고, 빛 센서로 발광 물질이 있는지도 조사했어요.

> 알게 된 사실
심해에서 수염을 펼쳐서 사냥한다

북방코끼리물범에게 작은 장치를 달아서 활동을 추적했더니, 심해에서 리드미컬하게 수염을 펼치고 탐색 활동으로 보이는 행동을 했어요. 수염을 펼친 상태로 물고기를 쫓아가 잡아먹는 모습도 많이 확인할 수 있었어요.

얕은 장소에서는 수염을 모은 상태 →

심해에 도달하면 약 9초에 한 번씩 리드미컬하게 수염을 펼쳐요.

모은다. → 펼친다. → 모은다.

활짝~

하늘하늘 — 설치류도 어둠 속에서 주변을 탐색할 때 수염을 움직여. 북방코끼리물범과 무척 비슷하지.

샛비늘치 등 작은 물고기

수염을 펼쳐서 물고기를 뒤쫓아 잡아먹어요.

빛나는 먹잇감은 사냥하기가 더 쉬울까?

눈보다 수염이 중요해.

북방코끼리물범의 먹이 중 일부는 잡히기 전에 파란빛을 내뿜었어요. 이 빛은 먹이 사냥에 도움이 될 수도 있지만, 빛을 내뿜지 않는 먹이가 전체의 약 80%였어요. 따라서 바다표범은 빛에 의지하지 않고, 주로 수염을 사용해서 먹이를 사냥한다고 결론 내렸어요.

❗ 수염으로 심해를 개척하는 물범

심해라는 특수한 환경에서 향유고래들은 에코로케이션으로 멀리 있는 대형 오징어를 노려. 그리고 북방코끼리물범은 수염으로 물살을 감지해서 가까이에 있는 작은 물고기를 사냥하지.

한발 먼저 알아채는 눈치 빠른 집박쥐

집박쥐
학명: Pipistrellus abramus
일본의 도시나 교외 지역에 서식해요.

해 질 녘 주택가의 하천 주변 등에서 자주 발견되는 집박쥐. 몸무게는 6~7g 정도이고, 날개를 펼쳐도 사람 엄지손가락 정도인 조그만 포유류예요. 주택의 천장 안쪽에 자리 잡는 경우가 많아요.

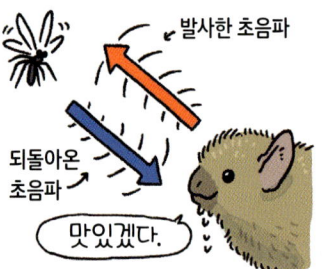

집박쥐는 입과 코에서 초음파를 발사한 뒤, 되돌아오는 반사음으로 사냥감이 있는 곳까지 거리와 방향을 알 수 있어요. 캄캄한 환경에서 살아가는 박쥐는 눈 대신 소리로 세상을 보는 셈이에요.

 최대한 먹이를 많이 잡으려면?

도시샤 대학의
후지오카 박사

집박쥐는 하룻밤에 작은 벌레를 1,000마리 정도 잡아먹어. 짧은 시간 동안에 사냥감을 최대한 많이 잡으려면 효율적으로 날아다녀야 할 텐데…

박쥐의 행동을 쫓아라!

집박쥐가 '날아가며 남기는 움직임', '내보내는 초음파', '어디에서 벌레를 사냥하는가'를 조사하기 위한 특별한 공간을 하천 근처에 만들었어요.

교토부 교타나베시의 하천

알게 된 사실

눈앞의 사냥감과 다음 사냥감 중 목표물을 정한다

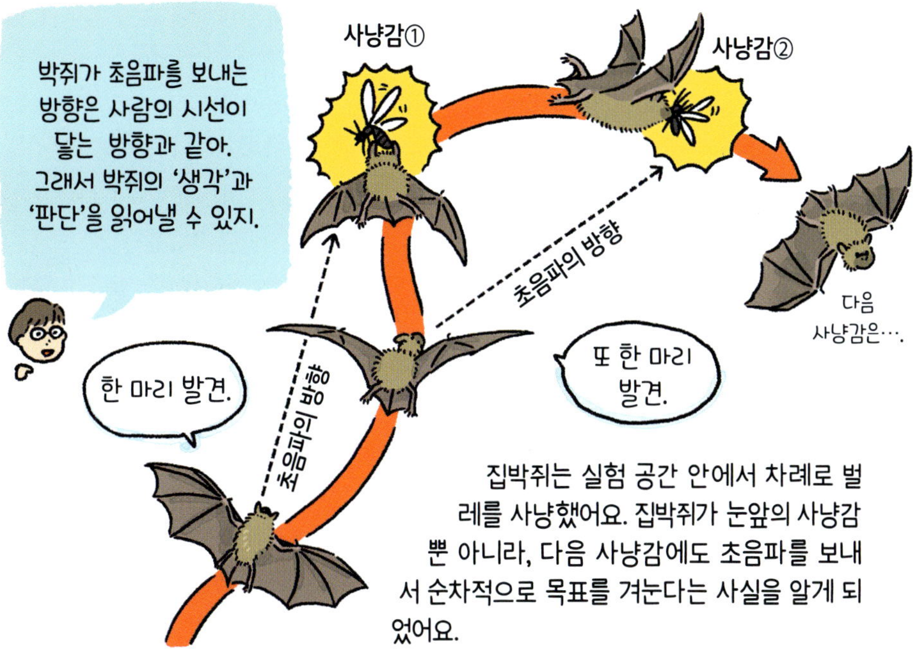

박쥐가 초음파를 보내는 방향은 사람의 시선이 닿는 방향과 같아. 그래서 박쥐의 '생각'과 '판단'을 읽어낼 수 있지.

사냥감①
사냥감②
초음파의 방향
다음 사냥감은….
한 마리 발견.
초음파의 방향
또 한 마리 발견.

집박쥐는 실험 공간 안에서 차례로 벌레를 사냥했어요. 집박쥐가 눈앞의 사냥감뿐 아니라, 다음 사냥감에도 초음파를 보내서 순차적으로 목표를 겨눈다는 사실을 알게 되었어요.

 ### 효율이 높은 경로로 사냥

멋있지?

집박쥐의 비행 경로는 연속으로 먹잇감을 사냥하기에 매우 효율적이에요. '두 마리 토끼를 쫓다가 둘 다 놓친다'라는 속담이 있는데, 집박쥐는 손쉽게 두 마리를 다 잡는 뛰어난 사냥꾼이라고 할 수 있지요.

엄청난 추위 속, 장수거북의 해파리 먹기 여행

장수거북
학명: Dermochelys coriacea
열대부터 극지방 부근의 해역까지 넓게 분포해요.

알 낳는 장소는 열대 지역의 모래사장

장수거북은 모든 바다거북 중에서 가장 커요. 다 자라면 몸무게가 600kg이나 되지요. 몸은 매우 크게 자라지만, 해파리나 플랑크톤만 먹어요.

입부터 소화관까지 가시 모양의 조직이 발달했어요. 해파리를 붙잡아 삼키기 쉬운 구조예요.

파충류지만 체온이 높다

장수거북은 파충류지만 주변 수온보다 체온을 높게 유지할 수 있어요. 극지방과 가까운 차가운 바다에서도 활동할 수 있지요.

수온보다 10℃ 이상 체온이 높은 경우도 있어요

해파리를 얼마나 먹을까?

장수거북은 하루에 얼마나 많은 해파리를 먹을까? 그것만 먹고도 에너지가 충분할까?

댈하우지 대학교의 히슬립 박사

빨판으로 부착

캐나다의 차가운 바다에 사는 장수거북 몸에 비디오 카메라를 붙였어요.

| 알게 된 사실 | **하루에 자기 몸무게의 73%만큼 해파리를 먹는다** |

보름달물해파리
유령해파리

장수거북 열아홉 마리의 영상을 분석한 결과, 많은 해파리를 잡아먹는 모습을 확인했어요.

장수거북이 하루에 먹어 치우는 해파리의 무게는 자기 몸무게의 약 73%! 예를 들어, 장수거북의 몸무게가 600kg이라면 매일 438kg의 해파리를 먹는 셈이야.

신난다~!
해파리 무제한 먹기 여행!

❗ 열량을 계산해 보니, 장수거북은 하루에 필요한 에너지의 3~7배를 해파리로 얻었어요.

해파리를 먹는 동물은 많다

얼마 전까지 해파리는 열량이 낮아서 해양 생물에게 먹이로 인기가 없다고 알려졌어요. 하지만 비디오카메라를 동물 몸에 붙이면서부터, 다양한 해양 생물이 해파리류를 먹고 산다는 사실이 밝혀졌어요.

앨버트로스
펭귄
관해파리
장수거북
개복치

체온으로 알 수 있는 동물의 생태

꽁꽁 얼어붙은 극지방부터 뜨거운 물을 내뿜는 지역까지 동물은 다양한 온도의 환경에서 살아요. 동물의 몸은 자기가 살아가는 환경의 온도에 맞춰 잘 움직이도록 되어 있답니다. 이번에는 체온을 주제로 동물의 생태를 살펴볼게요.

동물의 몸을 들락날락하는 열

동물의 몸속과 바깥 환경 사이에는 열에너지가 끊임없이 들어오고 나가요.

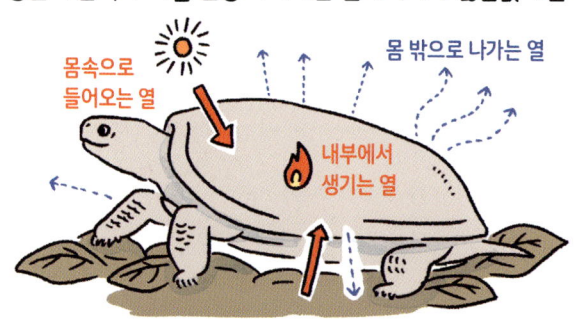
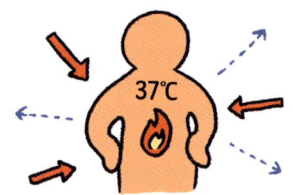

사람의 몸은 열에너지가 들어왔다 나갔다 하며, 37℃ 전후의 체온을 유지해요.

몸속의 열을 사용할 것인가, 바깥의 열을 사용할 것인가?

체온을 바깥 온도보다 높게 유지하려면, 몸속에서 열을 많이 만들어 내야 해요. 체온을 조절하기 위해 열을 만들어 내는 기관이 주로 몸 안에 있는 동물을 '내온동물', 몸 밖에 있는 동물을 '외온동물'이라고 해요.

내온 동물
(주로 포유류·조류)

외온 동물
(주로 파충류·양서류·어류·그 외의 무척추동물)

내온 동물 (주로 포유류·조류)

열은 근육이나 장기에서 많이 생겨요.

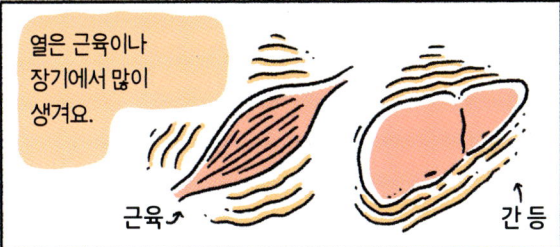
근육, 간 등

몸 구조가 밖으로 열이 빠져나가지 않게 발달했어요.

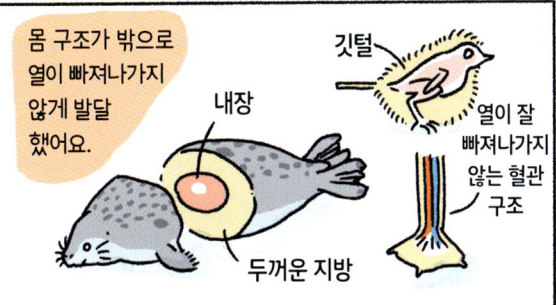
내장, 두꺼운 지방, 깃털, 열이 잘 빠져나가지 않는 혈관 구조

몸속에서 열을 많이 만들기 때문에 항상 많은 에너지가 필요해요.

배고파. 밥이다. 밥이 최고야. 하루 종일 먹는 느낌?

체온을 낮추고 싶을 때는 수분을 증발시켜서 몸을 식혀요.

숨을 헐떡이는 강아지 (개는 땀을 흘리지 않는다.)

오늘 너무 덥다…. 땀 흘리는 말

외온 동물 (주로 파충류·양서류·어류·그 밖의 무척추동물)

쾌적하게 지낼 수 있는 온도를 찾아 이동해요. 바깥의 열을 효율적으로 흡수하기 위해 몸의 방향이나 자세에 신경 써요.

살아남기 힘든 환경에서는 움직임을 줄여요.

체온을 유지할 때 필요한 에너지가 내온 동물보다 적어요.

조금만 있어도 돼.

평범한 방법은 필요 없다!
특이하게 체온을 조절하는 동물들

내온 동물의 예외

유대하늘다람쥐
거센 태풍이 다가오면, 일시적으로 체온을 10℃ 이상 낮춰서 에너지 소비량을 줄여요.

태풍이 왔다….

황제펭귄
잠수 중인 황제펭귄은 땅 위에 있을 때보다 체온이 10℃ 이상 낮아요. 소비하는 산소량을 줄여서, 잠수 시간을 길게 늘이는 것 같아요.

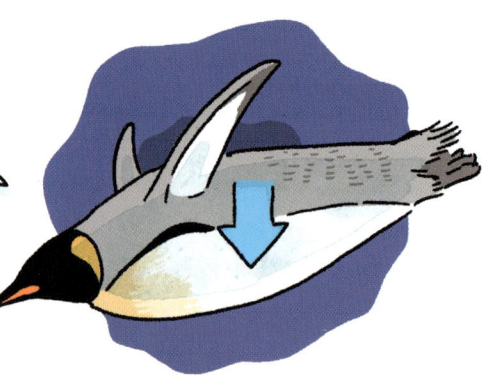

외온 동물의 예외

버마비단뱀
버마비단뱀은 알을 품을 때면 근육을 진동시켜 열을 내서, 체온을 31℃ 이상으로 유지해요.

계속 →

장수거북

극지방 부근에서 먹이를 먹는 장수거북은 몸 속에서 만들어 낸 열과 열을 놓치지 않는 몸 구조 덕분에, 체온을 수온보다 10℃ 이상 높게 유지해요.

불우렁쉥이
해파리

더워 죽겠네.

이와 반대로 알을 낳는 장소인 열대 지역에서는 너무 높아진 체온을 낮추기 위해서, 수온이 낮은 심해까지 여러 번 잠수해요. 장수거북은 자기 몸의 성질과 잠수 행동을 조합해서 어떤 해역에 있든지 체온을 26~29℃로 유지할 수 있어요.

북방참다랑어

어른 참다랑어는 수온이 낮은 환경에서도 수온보다 최대 10℃ 높게 체온을 유지할 수 있어요. 하지만 새끼 참다랑어는 다 자라기 전에는 체온을 높게 유지할 수 없어요. 최신 연구에 따르면, 몸길이가 20~45cm 정도로 자라면 높은 체온을 유지하는 능력을 빠르게 얻는다고 해요.

※ 혈합근: 붉은색 근육 다발.

열을 많이 만들어내는 '혈합근'

단열 작용을 하는 '공기주머니'

단면도
내장

무럭무럭 → 쑥
몸길이 20~45cm
쑥

보스네센스키뒤영벌

애벌레를 돌보는 여왕벌은 근육을 진동해 만든 열로, 배 부분의 온도를 31~36℃로 유지해요. 그 덕분에 애벌레는 바깥 기온이 낮아도 꽤 따뜻한 환경에서 자랄 수 있어요.

제2장

천적에게 맞서 살아남는 방법

머리가 풍선처럼 부푸는 올챙이

"쿠우~" "쿠우~" ← 작은 새와 비슷한 울음소리

일본산개구리
학명: Rana pirica
일본 홋카이도의 평지부터 산지까지 다양한 환경에 분포해요.

개구리 몸길이는 40~70mm예요.

올챙이는 몸길이가 45mm 정도까지 자라요.

↑ 개구리가 낳은 알

※ 이해를 돕기 위해 개구리보다 크게 그렸어요.

홋카이도에서 살며, 눈이 녹는 시기에 연못이나 습지에서 젤리 같은 껍질로 감싸인 알을 많이 낳아요. 올챙이는 물속의 유기물을 먹으면서 자라고, 같은 해에 탈바꿈(변태)해서 땅 위로 올라가요.

배고픈 천적과 이웃이라니

일본산개구리의 올챙이가 사는 물가에는 에조 도롱뇽의 유생, 참별박이왕잠자리의 유충이 올챙이를 잡아먹으려고 호시탐탐 기회를 노려요.

부푸는 머리와 두꺼워지는 꼬리

진화생태학자인 기시다 박사는 천적인 에조 도롱뇽이 주변에 있으면, 올챙이의 머리가 부풀고 꼬리가 세로로 두꺼워진다는 사실을 발견했어요.

원래 생김새라면,

한입에 잡아먹혀요.

"빡빡" "그놈이다!"

머리와 꼬리가 커지면,

입에 넣기조차 힘들어요.

❓ 다른 방법으로 공격하는 천적이 있을 때는 어떨까? 예를 들어 물어뜯는 잠자리 유충이 가까이 있는 환경이면, 주위에 도롱뇽이 있는 환경일 때와 생김새가 다르게 변할까?

변신! 올챙이 ← 잠자리 유충

기시다 박사

알게 된 사실 ①

천적에 따라 몸의 형태가 바뀐다

도롱뇽 유생을 만났을 때는 머리가 커지고 꼬리가 두꺼워졌지만, 잠자리 유충을 만나자 꼬리만 두꺼워졌어요.

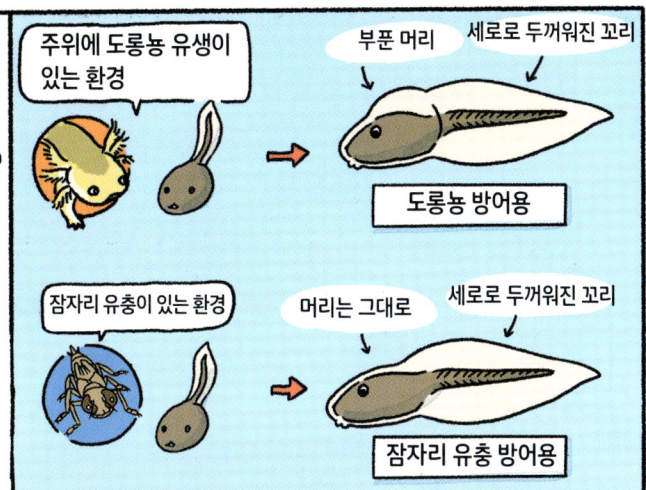

알게 된 사실 ②

몸의 형태가 바뀌면 쉽게 잡아먹히지 않는다

'도롱뇽 방어용' 올챙이는 도롱뇽 앞에서 가장 유리했고, '잠자리 유충 방어용' 올챙이는 잠자리 유충 앞에서 살아남을 확률이 가장 높았어요.

※ '도롱뇽 방어용', '잠자리 유충 방어용'은 쉽게 설명하기 위해 붙인 이름이에요. 논문에는 각각 'bulgy morph(부푸는 형태)', 'high-tail morph(꼬리가 긴 형태)'로 적혀 있어요.

❗ 위험할 때만 몸의 형태를 바꾼다

몸의 형태를 바꾸고 유지하려면, 올챙이도 어느 정도 대가를 감수해야 해요. 그런데 올챙이는 천적이 나타났을 때만 몸의 형태를 바꾸는 맞춤형 전략을 선보였어요. 이와 같은 전략을 '유도 방어'라고 하는데, 동물이 타고난 유전적인 요소를 바꾸지 않고 환경 변화에 따라 일시적으로 몸의 형태를 바꾸는 사례로 주목받고 있어요.

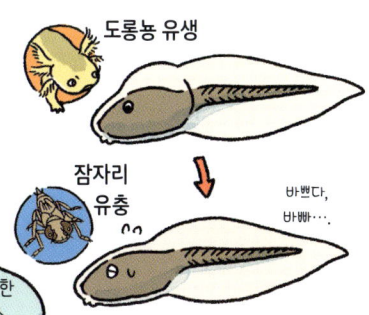

비교해 보자! ③

주변 조건에 따라 바뀌는 동물의 몸과 행동

표현형 적응성

같은 종의 생물이라도 몸의 형태나 크기, 행동이 다른 경우가 있어요. 가시가 있는 물벼룩과 없는 물벼룩, 작은 성게와 큰 성게…. 이러한 차이는 대체 왜 생기는 걸까요? 이번에는 특정한 환경에 적응하기 위해 생물이 그때그때 몸의 형태 등을 바꾸는 성질인 '표현형 적응성'을 소개할게요. '표현형 적응성'은 유연성이라고도 해요.

표현형이 뭘까?

생물의 특징과 성질을 말해요. 몸의 생김새(예: 크기, 모양, 색), 몸속 구조와 작용, 행동 등 의외로 다양한 내용이 포함돼요.

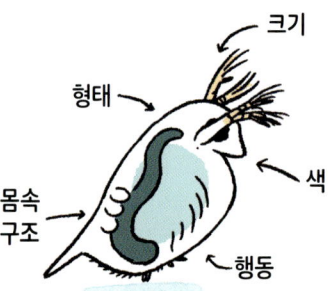

생물의 표현형은 태어날 때부터 지닌 '유전 정보'와 그 생물을 둘러싼 '주변 환경'에 의해 결정돼요.

이렇게나 다양한 표현형 적응성

같은 유전 정보를 가진 생물이라도 주어진 환경에 따라 다양한 표현형을 보여요. 지금부터 상황에 따라 단계적으로 바뀌는 표현형과 한 번에 바뀌는 표현형(=다형성)의 사례를 살펴볼게요!

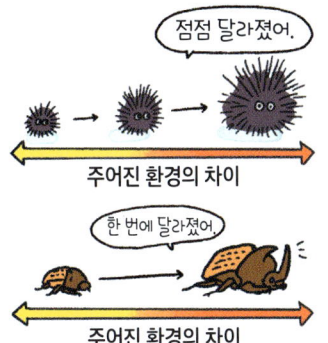

단계적으로 바뀌는 표현형

밀도에 따라 몸이 커지거나 작아지는 성게

성게는 밀도가 낮은 환경에서는 커지고, 밀도가 높은 환경에서는 작아져요.

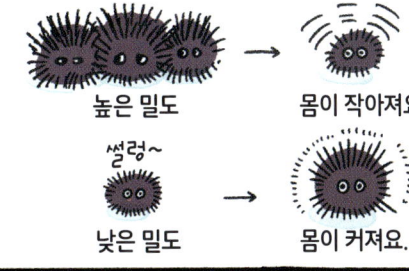

조용하고 편안한 곳에서 지내면 생식기가 가늘고 길어지는 따개비

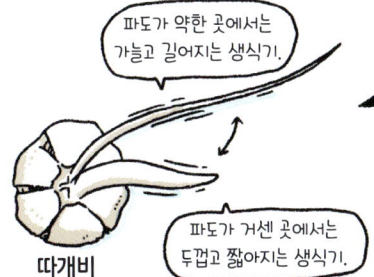

따개비의 생식기는 짝짓기 상대를 효율적으로 찾기 위해, 파도가 잔잔한 곳에서는 가늘고 길어져요. 이와 반대로 파도가 세찬 곳으로 따개비를 옮기면 생식기가 두껍고 짧아져요.

먹이를 먹으면 장기가 크고 뚱뚱해지는 뱀

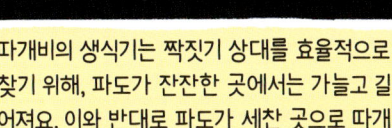

뱀은 한동안 먹이를 먹지 않는 '절식 습성'이 있어요. 절식 후 다시 먹이를 먹으면, 2~3일 동안 몸속의 장이 최대로 크고 뚱뚱해져요. 심장이나 췌장, 간장과 같은 다른 장기도 커져서 대사 속도가 빨라지지요. 먹이를 먹지 않는 기간에는 장기들의 크기를 다시 줄여 쓸데없이 에너지가 낭비되지 않도록 해요.

계속 →

크고 두꺼워지는 근육 조직

어떤 사람들은 근육을 단련하는 것을 매우 좋아해요. 근육을 단련하면 조직이 조금씩 커지고 두꺼워지는 것도 표현형 적응성이에요.

한 번에 바뀌는 표현형

표현형 적응성 중에서 특히 알기 쉬운 것이 '다형성'이에요. 다형성은 단계적으로 바뀌는 게 아니라, 단 한 번에 바뀌는 표현형을 말하지요. 환경에 따라 표현형이 확실하게 구별되고, 애매한 표현형이 존재하지 않아요. 표현형의 종류가 2가지 이상인 생물도 있어요.

소똥구리 수컷 두 종류

소똥구리아과에는 번식 전략이 서로 다른 큰 수컷과 작은 수컷이 있어요.

큰 수컷
- 몸이 크다.
- 뿔이 크다.
- 정소가 작다.

작은 수컷
- 몸이 작다.
- 뿔이 없다.
- 정소가 크다.

 뿔과 정소 모두 큰 경우는 없어요.

수컷은 애벌레 시기의 영양 조건에 따라서 어느 쪽으로 자랄지 결정돼요.

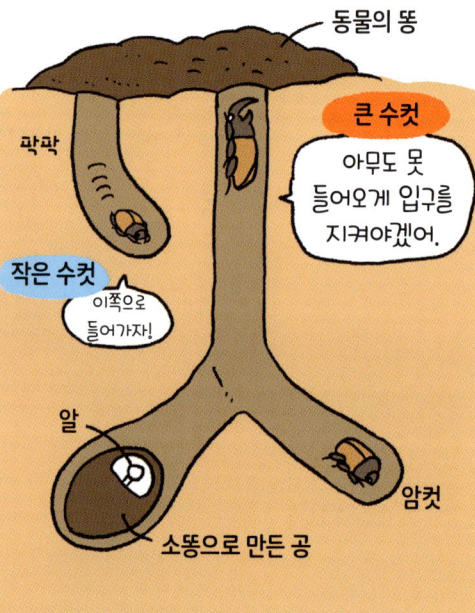

작은 수컷은 큰 수컷의 둥지에 몰래 숨어들어서 암컷과 짝짓기를 해요.

※ 정소: 수컷의 생식 세포인 정자를 만드는 기관.

계속 →

나비의 봄 형과 여름 형

사계절이 있는 지역의 나비 중에는 봄에 어른 나비가 되는 '봄 형'과 여름에 나비가 되는 '여름 형'이 있어요. 여름 형인 산호랑나비는 봄 형보다 검은색 무늬가 진해요.

날개 달린 진딧물과 날개 없는 진딧물

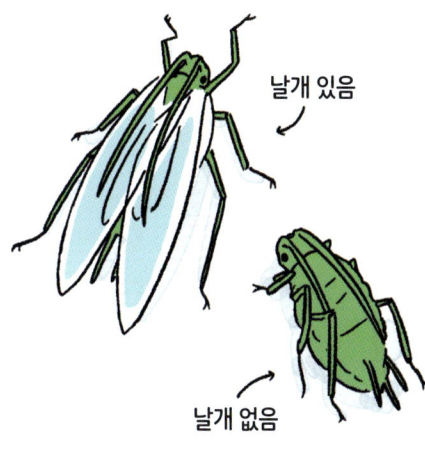

진딧물 중에는 날개가 있는 것과 없는 것이 있어요. 자라는 공간의 밀도가 높으면, 날개 달린 진딧물이 태어나는 비율이 높아져요.

돌기가 달린 물벼룩

포식자의 존재를 알아챈 물벼룩은 조건이 갖춰지면 몸에 돌기가 자라요. '형태 방어'라고 불리는 현상이에요. 물벼룩에게 목이빨이라는 돌기가 자라면 천적인 털모기과 유충이 잡아먹기 힘들어서 살아남을 확률이 높아져요.

목이빨이 자란 물벼룩 (형태 방어)

보통 물벼룩

물벼룩 종류의 다양한 형태 방어

투구형   뾰족한 가시형

은밀하게 스르륵…
장어의 놀라운 탈출 방법

뱀장어
학명: Anguilla japonica
일본과 중국 등 동아시아의 하천과 해안에 서식해요.

뱀장어가 헤엄쳐 다니는 경로

희한하게도 앞으로 나아가는 것과 뒤로 나아가는 게 모두 가능해요.

최근 잡히는 양이 급격히 줄어들고 있어요.

황뱀장어

가늘고 긴 몸으로 수천 킬로미터를 헤엄쳐, 마리아나 제도의 서쪽 어느 장소에 알을 낳는다고 해요. 독특한 생태를 지닌 뱀장어예요. 맛과 품질이 좋아서 상업적으로 가치가 높은 수산 자원으로 인정받지만, 잡는 양이 급격하게 줄어들고 있어요. 뱀장어는 성장 단계에 따라 모습이 달라져요.

※ 바다에서 일생을 보내는 장어도 있어요.

뱀장어와 관련한 연구는 많아요. 하지만 장어와 포식자의 관계, 특히 **뱀장어가 어떻게 포식자의 공격을 피하는지는** 아직까지 밝혀진 내용이 없어요.

장어가 잡아먹히지 않으려고 어떻게 행동하는지 조사하던 하세가와 씨(당시 대학교 4학년)는 어느 날 포식자인 남방동사리에게 잡아먹힌 실뱀장어가 멀쩡하게 살아남아 수조 속을 헤엄치는 모습을 발견했어요. 이상하게 생각한 하세가와 씨는 남방동사리와 장어의 모습을 자세히 관찰하기로 했어요.

알게 된 사실 | **포식자에게 잡아먹혀도 무사히 탈출했다**

윽… 아가미 틈으로 빠져나올 줄이야.

남방동사리

잡아먹힌 실뱀장어 중 절반 이상이 아가미 틈으로 무사히 탈출! (54마리 중 28마리).

꼬리를 밖으로 내민 다음, 머리를 빼내서 탈출!

상처도 거의 없이 탈출

어린 실뱀장어

잡아먹힌 후 탈출까지 걸린 시간은 평균 47초였어.

뱀장어의 몸이 가늘고 길어진 이유를 알아낼 열쇠일까?

뱀장어가 포식자에게 잡아먹힌 뒤 아가미 틈으로 탈출하는 행동은 물고기가 아닌 동물까지 넓게 살펴봐도 매우 희귀해요. 뱀장어처럼 몸이 가늘고 긴 물고기는 많아요. 이런 몸 형태가 살아남는 데 특히 유리한 점이 있는지 연구하고 있지만, 검증 단계까지 이르지 못했어요.

가늘고 긴 녀석들
장어
붕장어
망둑어

새롭게 알아낸 뱀장어의 탈출 기술을 바탕으로 다른 가늘고 긴 물고기도 똑같이 행동할 수 있는지 검증하면, 어떤 물고기들의 몸이 왜 가늘고 길게 생겼는지 알아내는 열쇠가 될지도 몰라요.

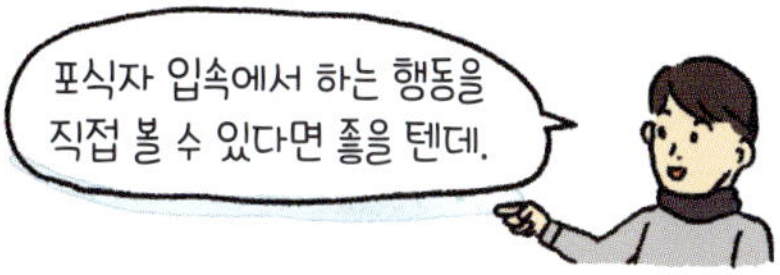

여기로 빠져나가자

포식자의 입속(상상한 모습)

포식자 입속에서 하는 행동을 직접 볼 수 있다면 좋을 텐데.

소곤소곤 대화하는 남방참고래

크고 둥근 입.

새끼

어미

등지느러미가 없고 몸매가 똥똥하며, 헤엄치는 속도는 느릿느릿해요.

남방참고래
학명: Eubalaena australis
남반구에 사는 대형 긴수염고래로 남방긴수염고래로도 불러요.

오스트레일리아, 남아메리카, 아프리카 남부의 얕은 바다에서 새끼를 키우는 남방참고래. 어미 고래가 한 번에 기를 수 있는 새끼는 한 마리뿐이에요. 어미 고래와 새끼 고래는 울음소리로 대화해요.

우오오~ 오옹~ 오옹~ 옹~

무시무시한 범고래

어미 고래가 세상에서 가장 두려워하는 건 소중한 새끼를 잃는 거예요. 특히 어미와 새끼의 대화를 몰래 엿듣고 공격하는 범고래는 두려운 존재예요. 남방참고래는 주위에 범고래가 있는 것을 눈치채면 파도가 치는 물가까지 도망가요. 파도가 부서지는 소리도 크고, 파도 거품으로 앞도 잘 보이지 않아서 몸을 잘 숨길 수 있거든요. 하지만 이 과정에서 **어미와 새끼가 뿔뿔이 흩어지기도 해요.**

몰래 엿듣는 범고래

오옹

맛있는 목소리가 들리는군.

오옹

위험해!

도망쳐요.

철썩 철썩

범고래가 엿듣는 것과 새끼와 이별하는 것을 피하려면?

남방참고래의 어미와 새끼는 앞이 잘 보이지 않고 파도 소리도 요란한 바닷가에서 어떻게 서로 의사소통을 할까요? 그리고 범고래가 엿듣는 것을 피하는 비결은 무엇일까요?

남방참고래의 몸에 울음소리와 주변 소리를 기록하는 기계를 달았어요.

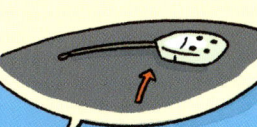

고래 종류의 울음소리를 연구하는 닐슨 씨

내 몸에 뭘 붙였어.

알게 된 사실 **어미와 새끼가 최대한 바싹 붙어 다니면서 소곤소곤**

남방참고래 어미와 새끼는 딱 붙어 다니면서, 가까이 있어야 들을 수 있을 정도로 작은 울음소리를 내며 대화했어요. 특히 이동하며 서로 떨어질 가능성이 높을 때는 작게 울며 소곤거렸어요.

 **아주 가까이 있어야 들을 수 있어요**

커다란 고래가 파도치는 물가에서 작게 속닥일 줄이야! 청각과 시각으로 사냥감을 찾는 범고래를 피하기에 매우 효과적인 행동 같아요.

곤충들의 의태

주변 환경과 하나가 되는 / **천적의 눈을 속이는**

잡아먹히기 쉬운 작은 동물들 중 대부분이 몸의 색과 형태를 이용해서 포식자의 눈을 속여요. 이번에는 곤충들의 다양한 의태를 소개할게요. 의태는 어떤 모양이나 동작을 본떠서 흉내 내는 것을 말해요.

① 주위 환경과 하나가 되는 '은폐 의태'

포식자에게 발견되지 않도록 배경에 녹아드는 '은폐 의태'예요.

포식자가 <u>알아보지 못하는</u> 것이 핵심!

어디 있지?

나무와 거의 구별이 안 되는 회색가지나방

몸 색깔이 흰색에서 검은색으로

원래 회색가지나방은 하얀색이 많고 검은색은 아주 적었어요. 그런데 산업 혁명으로 공장이 많아지면서 대기 오염이 심해졌고, 그로 인해 나무들이 점점 거무스름해졌어요. 그 결과 검은색 회색가지나방이 포식자의 눈을 피해 살아남는 경우가 많아지며 조금씩 그 비율이 늘어난 것으로 보여요.

② 자연물을 흉내 내는 '모방 의태'

마른 잎과 똑같은 가랑잎나비

마른 나뭇잎이나 나뭇가지처럼 주변 환경을 모방해서 포식자를 속이고 살아남을 확률을 높이는 '모방 의태'예요.

나뭇가지와 똑같은 박각시애벌레

포식자가 알아보기는 하지만, 먹이가 아니라고 판단하는 것이 핵심!

 그냥 나뭇잎이구먼.

날개를 나뭇잎과 똑같이 만드는 방법

가랑잎나비의 훌륭한 위장술은 어떻게, 얼마나 오랫동안 진화했을까요?

 기본적인 규칙을 알려 줄게.

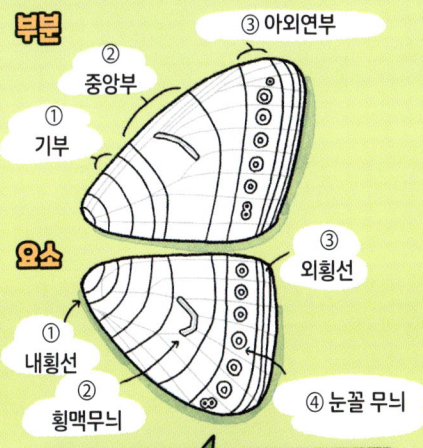

부분
① 기부
② 중앙부
③ 아외연부

요소
① 내횡선
② 횡맥무늬
③ 외횡선
④ 눈꼴 무늬

나비와 나방 날개의 기본 설계도

언뜻 보면 나비와 나방의 날개 무늬는 자유롭게 진화한 것처럼 보여요. 하지만 나비와 나방의 날개에는 기본적인 설계도가 있어요. 설계도는 세 가지 부분과 세 가지 요소로 이루어져 있는데, 나비 날개에는 한 가지 요소(눈꼴 무늬)가 더 있어요.

몇 가지 부분과 요소를 바꾸면, 아무리 복잡한 무늬도 만들어 낼 수 있어요.

※ Suzuki (2016)에 실린 그림을 바탕으로 작성했어요.

가랑잎나비의 마른 잎 무늬도 기본 설계도를 따르는데, 요소의 배열을 바꾸거나 요소를 직선으로 이어서 무늬를 만들었다는 사실이 최근 연구로 밝혀졌어요.

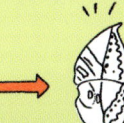

 배열을 바꾸거나 쭉 이어서 마른 잎 모양 완성! (걸린 시간 약 7,000만 년)

※ Suzuki (2016)에 실린 그림을 바탕으로 작성했어요.

③ 상대를 놀라게 하는 '경고 의태'

'경고 의태'는 눈에 띄는 몸 색깔이나 주의를 끄는 문양을 내세워 포식자의 공격을 피하는 일부 나비와 나방의 날개에서 볼 수 있는 눈꼴 무늬는 커다란 눈동자처럼 생겨서 새에게 겁을 주는 효과가 있어요.

네발나비과 나비

오싹

(모든 눈꼴 무늬가 같은 역할을 하는 건 아니에요.)

④ 해로운 동물을 흉내 내는 '베이츠 의태'

독이 없는 박각시나방의 애벌레

뱀과 비슷하게 보여야지.

독사 →

위험한 상황을 맞닥뜨리면 고개를 들고, 머리 부분을 크게 부풀려요.

← 평소 모습

해롭지 않은 종이 완전히 다른 해로운 종(독을 가진 동물 등)을 모방해 자신을 지키는 '베이츠 의태'예요. 뱀처럼 위장하는 박각시나방 애벌레, 장수말벌을 흉내 내는 등에처럼 다양한 사례가 있어요.

우리는 장수말벌 입니다.

흉내 내지 마!

마쯔무라긴꽃등에

큰유리나방

장수말벌

호랑하늘소

들키지만 않으면 되지요.

넓적다리송곳벌

⑤ 해로운 종끼리 서로 흉내 내는 '뮐러 의태'

해로운 종끼리 아주 비슷하게 닮아 가는 것을 '뮐러 의태'라고 해요. 포식자는 해로운 종인지 모르는 상태에서는 일단 잡아먹지만, 그 뒤로 비슷하게 생긴 생물을 다시는 건드리지 않아요. 그래서 해로운 종끼리 생김새가 비슷하면 서로에게 유익해요.

노랗고 쓴 액체를 분비하는 무당벌레예요. 모두 무늬가 매우 비슷해서 뮐러 의태로 볼 수 있어요.

우리도 뮐러 의태예요. 모두 독을 갖고 있답니다.

독나비 종류는 생물학적으로는 거리가 멀어도, 같은 지역에 살고 있는 종끼리 비슷한 모습으로 진화했어요.

■ 은 비슷한 지역에 살고 있다는 표시예요.

가장 적합하게 역할을 나누는 진딧물

가슴진딧물의 일종인 요시노미야진딧물은 조록나무에 '벌레혹(충영)'으로 불리는 둥지를 만들고, 수백 마리 또는 수천 마리가 모여 살아요.

벌레혹(충영)→

요시노미야진딧물
학명: Quadrartus yoshinomiyai
일본 각지에 분포해요.

요시노미야진딧물은 '단위 생식'으로 새끼를 낳아 개체 수를 늘려요. 새로 태어난 진딧물은 모두 클론이라서 어미와 유전적으로 똑같아요. 진딧물 무리는 사회성을 지니며 '방위', '노동', '번식'으로 역할을 나눠요.

※ 단위 생식: 짝짓기를 하지 않고 어미의 세포가 스스로 분열해서 새끼를 낳는 방법.
※ 클론: 단일 개체로부터 짝짓기 없이 생겨서 유전적으로 똑같은 개체.

벌레혹(둥지) 내부

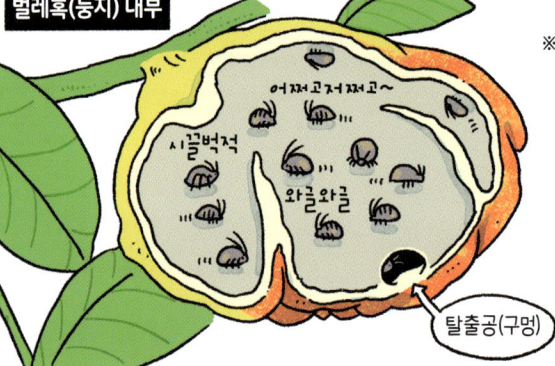

우리는 모두 클론

방위 (병정 부대 포함) | 노동 | 번식

탈출공(구멍)

영차, 영차!
무당벌레 애벌레
침입자다!!

벌레혹이 어느 정도 성숙하면 일부가 갈라져 탈출공(구멍)이 생겨요. 이 구멍으로 천적인 나방이나 무당벌레의 애벌레가 침입하기도 해요.

 탈출공으로 침입하는 천적을 물리치고 둥지를 지키려면?

요시노미야진딧물은 어떻게 둥지를 지킬까?

← 진딧물의 사회성을 연구하는 우에마쓰 박사

우에마쓰 박사와 연구진은 둥지 속 진딧물의 움직임을 자세히 관찰했어요.

알게 된 사실 ①

갓 태어난 유충과 늙은 성충이 '병정' 역할을 맡는다.

갓 태어나 번식 활동을 할 수 없는 개체와 늙은 개체가 둥지의 안전을 지키는 '병정'이 되어, 각각 다른 방법으로 적을 공격했어요.

알게 된 사실 ②

벌레혹에 구멍이 뚫리면 병정은 구멍으로 이동, 나머지는 안전한 장소로 피했다.

병정들은 구멍 근처로 모이고, 새끼를 낳을 수 있는 진딧물들은 구멍에서 멀리 떨어져 안전한 쪽으로 이동했어요.

 자손을 남기기 위해 희생하는 진딧물

한 둥지에 사는 요시노미야진딧물은 모두 같은 유전자를 가진 클론이라, 누구든 살아남으면 유전 정보를 남길 수 있어요. 그래서 번식할 수 없는 개체가 목숨을 희생해 둥지를 지키고, 번식할 수 있는 개체를 살리는 방법을 선택해 자손을 더 많이 남기는 것으로 보여요.

꿀벌의 비밀스러운 무기

재래꿀벌에게 말벌은 공포스러운 존재예요. 갑자기 공격하고, 무리 지어 쳐들어오기 때문이에요. 그래서 재래꿀벌은 다양한 방법으로 말벌로부터 자기 몸과 벌집을 지켜 왔어요.

재래꿀벌
학명: Apis cerana
아시아 지역에 넓게 분포해요. 우리나라에는 재래꿀벌과 양봉꿀벌이 있어요.

소로르장수말벌(Vespa soror)

재래꿀벌의 말벌 대책

나 잡아 봐라.

약 올리네.

잡아먹히지 않으려고 빠르게 날아다녀요.

날개로 경고음을 내서 말벌을 혼란에 빠뜨려요.

붕붕붕붕붕

아, 뜨거워!

말벌이 둥지에 침입하면, 여러 마리가 말벌을 에워싸고 날개를 진동해 체온을 높여요. 말벌을 불덩어리처럼 뜨겁게 만들어 죽이는 거예요.

꿀벌을 연구하던 마틸라 박사는 어느 날 재래꿀벌의 벌집 입구에 작은 반점이 붙어 있는 것을 알게 되었어요. 자세히 들여다보니 그것은 동물의 똥이었어요.

벌집의 입구
(양봉장)

똥…?

동물의 똥

재래꿀벌은 왜 벌집에 똥을 발랐을까요?

마틸라 박사는 다음 내용을 조사했어요.

❶ 재래꿀벌이 둥지에 똥을 바르는 조건

❷ 똥을 본 말벌의 반응

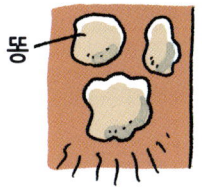

알게 된 사실 ①

말벌에게 많이 공격받을수록 똥을 많이 발랐다.

알게 된 사실 ②

똥 반점의 개수가 늘어나자 말벌의 공격 횟수가 줄었다.

 말벌을 물리치는 똥

재래꿀벌이 바른 똥에는 말벌을 퇴치하는 효과가 있었어요.
어쩌면 재래꿀벌이 똥 속에 말벌이 싫어하는 재료가 들어
있다는 사실을 아는지도 몰라요.

비교해 보자! ⑤

집단 진사회성으로 역할을 나누는 곤충들

무리 지어 사냥하거나 다른 개체의 힘을 빌리는 것처럼, 지구상에는 사회성을 갖춘 동물이 많아요. 그중에서도 개미, 벌, 진딧물, 흰개미 등은 매우 높은 수준의 사회성을 보여 줘요. 이번에는 '진사회성'을 가진 곤충들을 살펴봐요.

진사회성이란?

❶ 번식은 집단의 일부 개체가 담당해요.

❷ 여러 세대(어미와 새끼)가 함께 생활해요.

여왕개미 / 일개미 / 알

❸ 모든 구성원이 힘을 모아 새끼를 키워요.

❶❷❸의 성질을 모두 지닌 것을 '진사회성'이라고 해요. 진사회성을 지닌 곤충 집단에서는 대부분의 개체가 번식을 못 해요.

너도? / 너네도? / 신기한 우연이네. / 이럴 수가! / 몰랐어. / 나도 그래.

개미, 벌, 진딧물, 흰개미, 총채벌레, 긴나무좀 등 곤충을 중심으로 진사회성 사례가 여러 차례 보고되었어요. 일부 새우와 벌거숭이두더지쥐에서도 진사회성이 확인되었지요.

다양한 계급

진사회성을 지닌 곤충들은 역할에 따라 계급을 분명하게 구분해요. 예를 들면 개미 사회에서는 다음과 같이 계급이 나뉘고, 계급에 따라 몸의 생김새와 역할이 달라요.

여왕개미   **수개미**   **일개미(번식하지 않음)**

어떤 개미 종류는 일개미도 계급을 나눠요.

알을 많이 낳아요.

여왕과 짝짓기를 해요.

몸과 머리가 큰 일개미는 먹이 해체 등을 맡아요.

몸이 작은 일개미는 방위 활동과 육아 등을 맡아요.

(그림의 개미는 극동흑개미예요.)

계급은 역할의 차이일 뿐, 신분의 높고 낮음을 의미하는 것은 아니에요.

무리를 지키기 위해 목숨을 던지는 일꾼들

일꾼은 적에게서 무리를 지킬 때처럼 다양한 상황에서 희생되는 경우가 많아요. 일부 종의 일꾼은 공격하기에 유리하게 생겼지요.

진딧물은 자기 몸을 터뜨려 점착성 물질을 적에게 뿌려요.

이거나 먹어라.

잘 있어라, 세상아!

꿀벌은 적을 찌를 때 독침과 독샘을 상대의 몸에 남기고 죽어요.

계급은 어떻게 결정될까?

계급은 그 개체가 지닌 유전 정보와 주위 환경의 영향으로 결정된다고 해요. 하지만 종에 따라 계급이 결정되는 방식이 달라서 현재 연구가 진행 중이에요.

관심 높은 연구 분야야.

여왕!   일꾼!

환경   개미의 알   유전 정보

65

흰개미 왕국의 모습 (흰개미)

왕국의 시작

땅 위에서 만난 수컷과 암컷이 함께 땅속에 둥지를 틀어요.

수컷이 암컷 뒤를 따라감

"이 정도가 좋겠어."

왕국을 처음 만든 수컷과 암컷은 각각 '창설 왕', '창설 여왕'으로 불려요.

새로운 왕국을 향해

일제히 날아올라 짝짓기 상대를 찾아요.

새로운 여왕 / 새로운 왕

번식 능력이 없는 일꾼에게서 갈라져 나온 병정개미. 책임지고 둥지를 지켜요.

다음 세대의 왕과 여왕도 키워요. 왕과 여왕이 되기 전 단계를 '약충'이라고 해요.

일꾼 / 창설왕 / 2차 여왕 / 약충 / 병정 / 새로운 왕과 새로운 여왕

번식 능력이 없는 일개미는 먹이 찾기와 육아를 담당해요. 흰개미 일꾼은 수컷과 암컷 모두 존재해요.

어느 정도 규모가 커진 무리에서는 창설 왕과 창설 여왕의 뒤를 이어 태어난 2차 여왕을 볼 수 있어요. 2차 여왕은 창설 여왕의 단위 생식으로 태어나기 때문에 창설 여왕의 유전자만을 갖고 있어요. 2차 여왕은 왕과 짝짓기를 해서 알을 낳아요.

2차 여왕을 제외한 모든 흰개미가 왕과 여왕의 염색체를 받고, 그 조합에 따라 성별이 결정돼요.

"엄마와 아빠가 하나씩 줄게." "와, 두 개다!"

(수컷·암컷)

자기가 낳은 새끼를 키우지 않아도 괜찮을까?

단순하게 생각하면 남의 새끼를 키우는 것은 아무런 이득이 없는 행동처럼 보여요. 하지만 "자기 유전자를 다음 세대에 남기려면?"이라는 관점에서 보면 다양한 상황을 이해할 수 있어요.

여왕의 아이(남동생이나 여동생)를 돌보는 일개미들

"아가야, 착하지." 토닥토닥

"언니, 우리 애를 봐줘서 고마워." 새로운 여왕

"우리 모두를 위한 행동이었어."

자기가 직접 낳은 새끼는 아니지만 자기와 혈연관계인 새끼를 키워 생존율을 높이면, 도와주는 쪽은 자기 유전자의 일부를 다음 세대에 남길 수 있어요. 모든 행동을 이런 관점에서 설명할 수 있는 건 아니지만, 혈연관계가 행동의 이유를 밝힐 열쇠가 될 것 같아요.

승자 효과로 승부를 뒤집은 미국가재

먹이를 잡거나 물풀을 자르는 데 사용하는 튼튼한 집게발

미국가재

학명: Procambarus clarkii
원산지는 미국이에요. 일본, 프랑스, 멕시코, 우리나라 등에 외래종으로 유입되었어요.

일본 전국의 물가에서 자주 볼 수 있는 미국가재. 꽤 많은 수가 한곳에서 살아가고, 자기들끼리 싸우는 모습도 볼 수 있어요. 미국가재의 싸움에서는 기본적으로 몸 크기로 승부가 결정된다고 해요.

볼만 있냐?
히익, 죄송합니다.

승 큰 개체　　**패** 작은 개체

승자 효과

싸움의 승패는 간단히 결정되지만, 그 결과는 결코 가볍지 않아요. 어류와 조류의 경우 싸움 이후 승자는 계속 이기고, 패자는 계속 패배할 가능성이 높아지는 '승자 효과'가 확인되었어요.

이긴다… 반드시 이긴다…

다우스 씨는 가재용 전투 공간을 만들어 승자 효과를 검증했어요.

갑각류를 연구하는 다우스 씨

갑각류인 미국가재에게도 '승자 효과'가 적용될까? 몸이 작아 불리하더라도 커다란 개체를 상대로 이길 만큼 강한 '승자 효과'가 있지는 않을까?

앗! 이곳은…?
기다렸다.

알게 된 사실

승리한 경험이 불리한 상황을 뒤집는다

다음 그림과 같이 실험했어.

우선 24마리의 가재를 ① 초거대 가재부터 ④ 초미니 가재까지 크기별로 네 무리로 나누었어요.

① 초거대 가재
(가장 크다.)

② 거대 가재
(두 번째로 크다.)

와하하! / 후퇴다.
② 거대 가재 / ③ 미니 가재
② 거대 가재와 ③ 미니 가재의 승부에서는 몸집이 큰 ② 거대 가재가 이겼어요.

③ 미니 가재
(세 번째로 크다.)

④ 초미니 가재
(네 번째로 크다.)

 ② 거대 가재는 이쪽으로

③ 미니 가재는 이쪽으로

어쭈? 덤벼 봐. / 이걸 어떻게 이겨…
① 초거대 가재 / ② 거대 가재
첫 번째 승부에서 이긴 ② 거대 가재와 지금까지 한 번도 싸운 적이 없는 ① 초거대 가재를 싸우게 했더니, 몸집이 큰 ① 초거대 가재가 이겼어요.

이 녀석은 이길 수 있다! / 얘가 왜 이래~!
③ 미니 가재 / ④ 초미니 가재
첫 번째 승부에서 진 ③ 미니 가재와 지금까지 한 번도 싸운 적 없는 ④ 초미니 가재를 싸우게 했더니, 몸집이 큰 ③ 미니 가재가 이겼어요.

 ② 거대 가재는 이쪽으로

③ 미니 가재는 이쪽으로

가재는 이제 싫어. / 난 할 수 있다!
② 거대 가재 / ③ 미니 가재
다시 ② 거대 가재와 ③ 미니 가재를 싸우게 했더니, 몸집이 더 작은 ③ 미니 가재가 이겼어요.

 완벽한 '승자 효과'라고 할 수 있어요.

제3장

사랑을 얻기 위한 정면 승부

태양의 힘을 빌려 구애하는 벌새

코스타벌새

학명: Calypte costae
미국과 멕시코의 건조한 지역에 사는 작은 벌새예요.

수컷 코스타벌새의 얼굴은 선명한 보라색 장식으로 덮여 있어요. 수컷은 매력적인 얼굴 장식을 펼치고 빠르게 춤추며 암컷을 유혹해요.

수컷의 얼굴 장식은 빛이 비치는 방향에 따라 어둡고 칙칙하게 보이기도 하고, 화사하게 빛나기도 해요. 수컷의 빛나는 장식은 암컷이 짝짓기 상대를 결정할 때 중요하게 여기는 요소예요.

코스타벌새의 장식 색깔은 빛에 노출되는 방식에 따라 달라져. 따라서 **수컷과 태양 위치에 따라 암컷이 느끼는 인상이 크게 달라질 거야.** 수컷이 암컷에게 잘 보일 좋은 방법이 있을까?

← 조류를 연구하는 심슨 박사

심슨 박사는 암컷 코스타벌새를 새장에 넣고 야외에 둔 다음, 수컷을 유인해 어느 위치에서 춤추는지 관찰했어요. 또한, 그 순간 태양의 위치와 수컷의 얼굴 장식이 빛나는 정도도 기록했어요.

알게 된 사실 ①
수컷은 태양 쪽을 향해서 춤을 추었다.

알게 된 사실 ②
얼굴 장식을 돋보이게 한 것은 햇빛이었다.

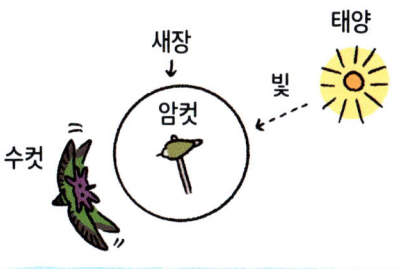

수컷은 태양을 마주 본 상태로 암컷을 중간에 두고 춤을 추었어요.

햇빛을 정면에서 받으면 수컷 얼굴 장식의 광채가 증가해서, 더욱 선명하고 화사하게 보였어요. 원래의 깃털 색과 아름다운 춤은 관계가 없었어요.

❗ 태양 덕분에 더욱 빛나는 수컷으로

코스타벌새의 연구를 통해 동물이 주변 환경을 능숙하게 이용하여 외모를 교묘하게 바꾼다는 사실을 알게 되었어요.

타고난 깃털 색이 아름답지 않은 수컷에게는 좋은 정보로군.

눈부시게 빛나는 수컷이 되고 싶다면 태양을 바라보며 춤을 추라고.

알락꼬리여우원숭이의 매혹적인 체취

알락꼬리여우원숭이
학명: Lemur catta
마다가스카르섬의 남부에 살아요.

나무 위에서 자요.

알락꼬리여우원숭이는 영장류 중에서도 매우 독특하게 후각으로 의사소통을 해요. 수컷은 긴 꼬리를 손목 안쪽 분비샘에 문질러 냄새를 묻힌 다음, 암컷을 향해 흔들며 유혹하거나 바짝 치켜세워 다른 수컷을 위협해요.

분비샘

암컷을 유혹하는 수컷

킁킁

동물들은 체취를 이용해 상대방에게 사랑을 표현하기도 하고, 영역을 표시하기도 해요. 하지만 어떤 냄새 물질을 사용하는지, 어떤 효과가 있는지 등등 그동안 밝혀지지 않은 부분이 많았어요.

수컷 알락꼬리여우원숭이의 냄새는 어떤 효과가 있을까?

도쿄 대학의 시라스 박사

시라스 박사는 알락꼬리여우원숭이들의 행동을 관찰하며 수컷의 냄새 물질을 조사했어요.

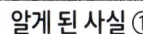

알게 된 사실 ①

암컷은 번식기인 수컷의 냄새에만 관심을 보였다.

암컷은 번식기가 아닌 수컷의 냄새에는 눈길도 주지 않았어요.

알게 된 사실 ②

수컷의 냄새는 번식기에 강해졌다.

수컷은 분비샘에서 '과일과 꽃' 향기가 나는 분비 물질을 내뿜는데, 번식기에는 이 냄새가 더욱 강해져요.

알게 된 사실 ③

수컷은 '과일과 꽃' 향기로 번식기인 암컷을 유혹했다.

수컷의 '과일과 꽃' 향기를 흉내 내어 만든 것(실험에서는 솜을 사용)

수컷은 이 냄새를 꼬리에 흠뻑 발랐어요.

수컷은 냄새 묻힌 꼬리를 크게 흔들어 암컷의 관심을 끌었어요.

가위바위보와 비슷한 도마뱀의 생태

목무늬도마뱀은 넓고 건조한 곳에 사는 작은 도마뱀이에요. 이 도마뱀은 1년이면 다 자라서 번식할 수 있어요. 힘센 수컷은 영역을 넓게 꾸리고 암컷 여러 마리와 살아요.

목무늬도마뱀
학명: Uta stansburiana
아메리카~멕시코의 태평양 쪽 건조 지대에 살아요.

명확하게 구별할 수 있는 수컷 세 종류

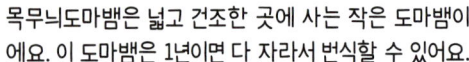

목무늬도마뱀의 수컷은 세 종류예요. 외모와 행동이 뚜렷하게 다른데, 모두 같은 장소에서 지내요.

남성 호르몬인 테스토스테론의 혈액 속 농도가 높아요.

← 주황색

파란색 →

노란색
암컷도 목 부분이 노란색이라서 암컷처럼 보여요.

주황색	파란색	노란색
몸집이 크고 공격성이 높아요. 자기 영역이 넓어요.	몸 크기와 공격성은 중간 정도예요. 자기 영역이 좁아요.	몸집이 작고 공격성이 없어요. 자기 영역이 없어요.

수컷 세 종류가 같은 장소에 있다니 정말 이상하군. 특정한 조건을 갖춘 수컷이 유리하다면, 그 수컷만 많은 자손을 남기게 되니까 한 종류만 있어야 하는데 말이야. **수컷 세 종류가 계속 유지되는 이유는 무엇일까?**

← 진화생태학자인 시네르보 박사

주황색 수컷

암컷

수컷 세 종류가 유지되는 원리를 조사하기 위해 시네르보 박사는 목무늬도마뱀을 6년 동안 관찰했어요.

올해는 주황색 수컷이 많네….

알게 된 사실 | 주황색 수컷은 파란색 수컷에게 유리하고,
파란색 수컷은 노란색 수컷에게 유리하고,
노란색 수컷은 주황색 수컷에게 유리하다.

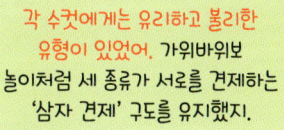

각 수컷에게는 유리하고 불리한 유형이 있었어. 가위바위보 놀이처럼 세 종류가 서로를 견제하는 '삼자 견제' 구도를 유지했지.

주황색 수컷: "지금부터 여기는 내 땅이다."
파란색 수컷: "쳇, 싸우면 나만 손해야."

주황색 수컷은 파란색 수컷의 영역을 빼앗고, 암컷을 거느려요.

주황색 → 유리 → 파란색

삼자 견제

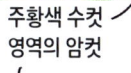

노란색 수컷의 침입을 눈치채지 못하는 주황색 수컷

주황색 수컷 영역의 암컷
노란색 수컷: "기회다!"

노란색 수컷은 주황색 수컷의 넓은 영역에 사는 암컷에게 몰래 접근해서 짝짓기를 해요.

파란색 수컷: "내 땅에서 뭐 하는 짓이야!"
노란색 수컷: "들켰다!"

노란색

영역이 좁은 파란색 수컷은 몰래 침입해서 짝짓기하려는 노란색 수컷을 쉽게 발견하고 쫓아내요.

❗ 수컷의 유행은 5년마다 돌아와요

오랫동안 관찰해 보니 파란색 수컷이 많았던 다음 해에는 주황색 수컷이 많아지고, 그다음 해에는 노란색 수컷이 많아지고, 다시 파란색 수컷이 많아지는 일정한 주기가 확인되었어요.

"5년 주기로 돌아왔어."

주황색 수컷
노란색 수컷

"주황색 수컷은 경계가 느슨하니까 한번 도전해 볼까. (그 결과, 다음 해에 노란색 수컷의 자손이 늘어나요.)"

착시 효과로 암컷을 유혹하는 큰바우어새

수컷에게는 암컷을 유혹할 때 사용하는 라벤더색 깃털이 나 있어요.

새들이 이성을 유혹하는 방법은 다양해요. 그중에 수컷이 독특한 무대를 만들어 암컷을 초대하는 종이 있어요. 수컷 큰바우어새(큰정원사새)는 마른 나뭇가지로 좁다란 길을 꾸미고, 그 끝에 조약돌이나 조개껍질을 깔아 채운 무대를 마련해요. 암컷이 궁금해서 좁은 길에 들어오면 무대에서 기다리던 수컷은 속으로 '이때다!' 하며 자기의 눈부시게 빛나는 목덜미 깃털과 소중히 간직한 장식을 암컷에게 보여 주지요.

큰바우어새
(큰정원사새)
학명: Chlamydera nuchalis
오스트레일리아 북부의 삼림에 분포해요.

동물의 인지를 연구하는 엔들러 박사와 켈리 박사는 큰바우어새가 무대에 조약돌과 조개를 크기에 맞춰 규칙적으로 배열한 모습을 보자 신기했어요.

엔들러 박사 / 켈리 박사

돌과 조개가 점점 커지게 배치했어. 어떤 효과가 있을까?

두 사람은 암컷 시점에서 무대 모습과 짝짓기 성공률, 수컷의 돌 배치 행동을 조사했어요.

알게 된 사실 ①

착시 무대 덕분에 짝짓기 성공률이 높아졌다

수컷은 암컷과 가까운 곳에는 작은 돌을 두고, 먼 곳에는 큰 돌을 놓아, 돌 크기가 균일한 것으로 착각하게 만들었어요. 그리고 규칙적으로 돌을 늘어놓은 수컷일수록 짝짓기 성공률이 높았어요.

알게 된 사실 ②

돌 배치가 무너지면 즉시 복구했다

수컷이 돌을 규칙적으로 배치한 건 우연이 아니었어요. 사람이 일부러 배치를 헝클어 놓자, 즉시 원상태로 복구했어요.

착시로 사람은 깊이감을 표현하고, 새는 신기한 공간을 만들어요

사람은 눈앞의 물체를 크게 만들고 먼 곳의 물체는 작게 만드는 방법으로 착시를 유도하고 경치에 깊이감을 더해요. 반대로 수컷 큰바우어새는 경치를 작아 보이게 하는 착시 현상으로 자기가 더욱 돋보이게 만들고, 기묘한 공간을 꾸며서 암컷의 마음을 빼앗아요.

광대노린재의 고난도 구애 춤

엑셀런스광대노린재
학명: Calliphara exellens
일본 난세이 제도에 살아요.

엑셀런스광대노린재는 몸길이가 2cm 정도이고, 몸이 초록색 보석처럼 빛나는 아름다운 곤충이에요. 수컷과 암컷이 한 쌍을 이루어 매우 독특한 춤을 추는 것으로 유명해요.

단순? 복잡? 동물의 구애 행동

동물의 구애 행동은 단순한 것부터 복잡한 것까지 다양해요. 특히 조류는 시각, 청각, 진동, 감각 등 여러 가지 감각을 자극하는 신호를 보내며 복잡한 구애 행동을 펼쳐요.

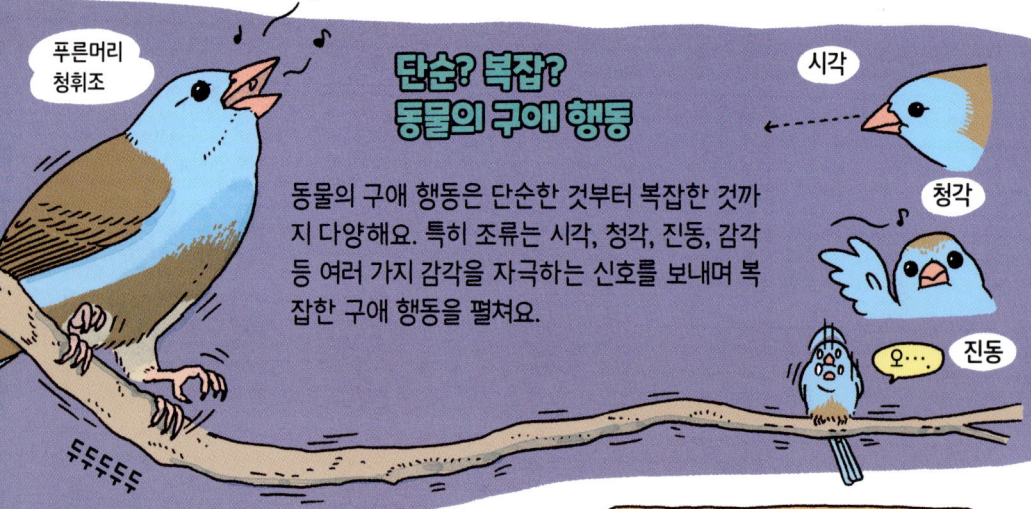

푸른머리청휘조

시각 / 청각 / 진동

곤충인 엑셀런스광대노린재도 여러 가지 요소를 조합한 복잡한 춤을 선보인다는데, 어떤 춤일까요?

한창 춤출 때 수컷과 암컷 사이에 무슨 일이 일어나는지 자세히 관찰해 봐야겠어.

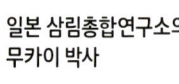

일본 삼림총합연구소의 무카이 박사

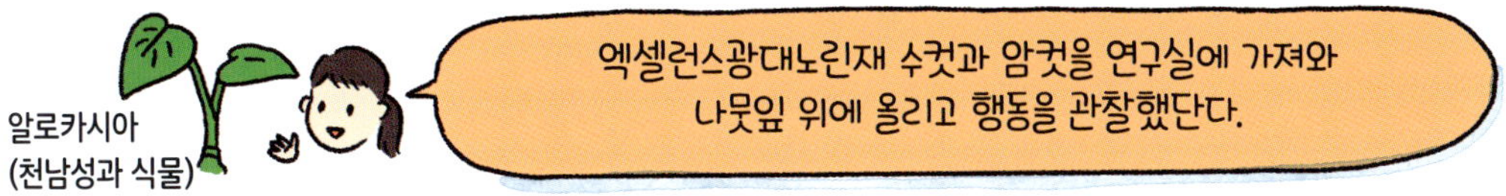

엑셀런스광대노린재 수컷과 암컷을 연구실에 가져와 나뭇잎 위에 올리고 행동을 관찰했단다.

| 알게 된 사실 | 몇 가지 신호를 조합해 복잡한 구애 춤을 선보였다. |

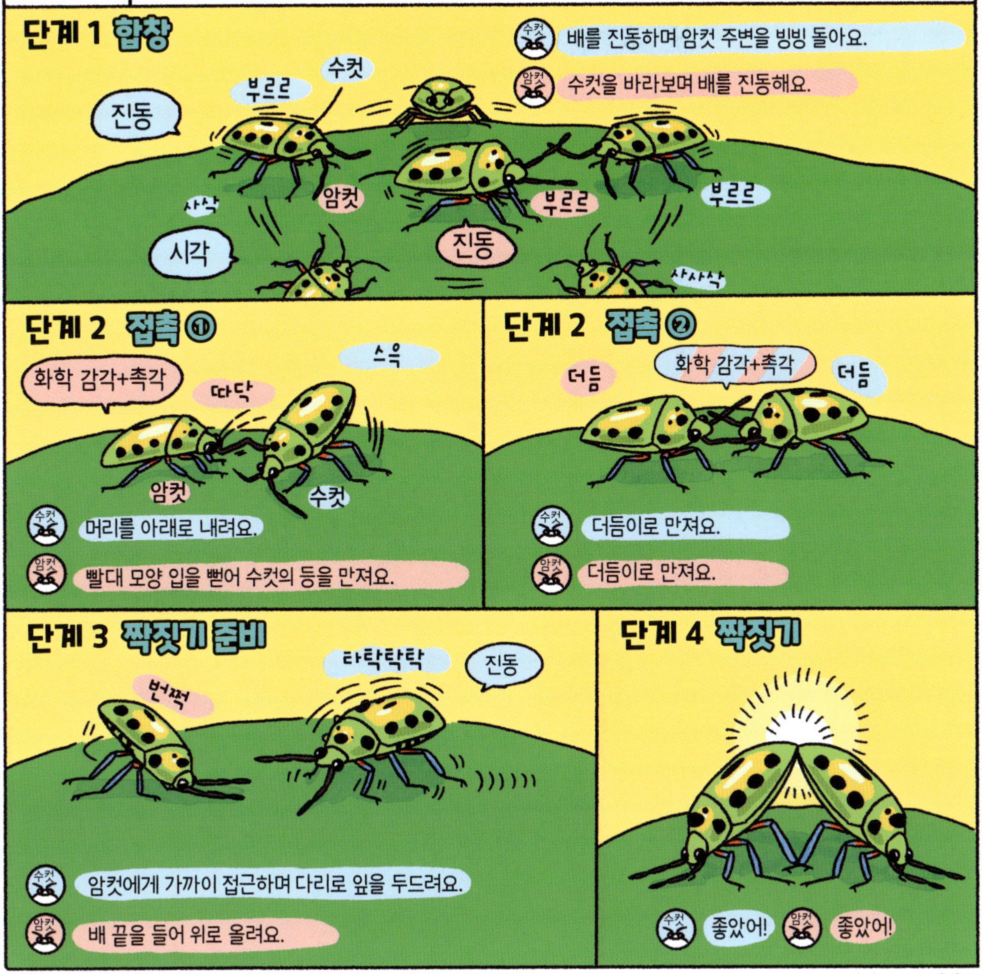

단계 1 합창
- 수컷: 배를 진동하며 암컷 주변을 빙빙 돌아요.
- 암컷: 수컷을 바라보며 배를 진동해요.

단계 2 접촉①
- 수컷: 머리를 아래로 내려요.
- 암컷: 빨대 모양 입을 뻗어 수컷의 등을 만져요.

단계 2 접촉②
- 수컷: 더듬이로 만져요.
- 암컷: 더듬이로 만져요.

단계 3 짝짓기 준비
- 수컷: 암컷에게 가까이 접근하며 다리로 잎을 두드려요.
- 암컷: 배 끝을 들어 위로 올려요.

단계 4 짝짓기
- 수컷: 좋았어!
- 암컷: 좋았어!

※ Mukai et al. (2022)과 보도 자료를 바탕으로 그렸어요.

여러 감각을 교묘하게 사용해요

엑셀런스광대노린재는 조류처럼 진동, 화학 감각, 시각, 촉각을 사용해 복잡하게 교감을 나눈다는 사실을 알게 되었어요.

제4장

이상하고 신기한 무리 생활

침팬지 가족의 끈끈한 유대 관계

어미와 새끼 수컷

정글에서 무리를 지어 생활하는 침팬지. 수컷은 어른이 되면 무리의 중심이 되어 다른 수컷과 암컷, 새끼를 이끌어요. 다 자란 수컷끼리 끈끈한 우정을 쌓는 경우도 있어요. 하지만 아무리 훌륭한 수컷이라도 어릴 때는 어쩔 수 없는 응석받이예요. 어린 수컷 침팬지에게 어미와의 유대 관계는 매우 중요해요. 어릴 때 어미를 잃은 수컷은 다른 수컷과의 싸움에서 패배하는 경우가 많아 짝짓기할 기회를 얻기 힘들기 때문이에요.

다 자란 수컷들

침팬지
학명: Pan troglodytes
아프리카 일부 지역에 살아요.

싸우는 수컷들

침팬지를 연구하는 레디 박사
어린 수컷 침팬지에게 어미의 존재는 크지만, 어미가 새끼 수컷을 어떻게 돌보는지는 잘 알려지지 않았어.

그래서 레디 박사와 연구진은 우간다 밀림에 사는 침팬지를 관찰했어요.

3년간 다양한 연령의 수컷을 관찰하며 어미와 어떻게 교류하는지 기록했단다.

놀기
털 고르기
손잡기

알게 된 사실 ①

모든 어린 수컷이 가장 친밀하게 교류한 상대는 자기 어미였다.

※ 어린 수컷: 9~15세의 수컷

어린 수컷은 어미 곁에 가장 오래 머무르며, 어미의 털을 골라 주었어.

알게 된 사실 ②

어린 수컷은 어미와 떨어지면 울거나 비명을 질렀다.

어린 암컷은 어디 있을까?

어린 암컷은 사춘기가 되면 어미에게서 떨어져 다른 장소에서 생활해요.

❗ 홀로서기를 향해 점점 나아가지만…

수컷 침팬지는 16~20세 정도가 되면 자립해서 넓은 범위를 이동해요. 하지만 어미와의 교류는 끊어지지 않아요. 이것을 보면, 어미는 수컷 침팬지에게 사회적으로 중요한 존재라고 할 수 있어요.

웨들바다표범의 엄청나게 추운 수영 교실

웨들바다표범
학명: Leptonychotes weddellii
남극을 비롯해 남반구에 널리 분포해요.

지구에서 가장 남쪽에서 살아가는 바다표범. 남극에서는 봄에 해당하는 11월 무렵이면 다 자란 암컷 웨들바다표범이 두꺼운 얼음 위에서 새끼를 낳아요. 갓 태어난 새끼의 몸무게는 20kg 정도인데, 영양이 듬뿍 담긴 어미의 젖을 먹고 무럭무럭 자라요. 이와 반대로 어미의 몸무게는 급격하게 줄어들지요.

어미 400kg — 꿀꺽꿀꺽 — 새끼 20kg — 엄마.

30~50일 후 →

어미 200kg — 많이 컸네. — 새끼 150kg

새끼가 어느 정도 자라면, 어미는 새끼에게 젖을 먹이거나 자기 먹이를 사냥하기 위해 바다 깊이 잠수해요. **얕은 잠수**를 할 때도 있어요.

얼음 위에서 젖 먹이기

200m보다 깊게 잠수
(자신의 먹이 사냥)

10m 정도의 얕은 잠수

웨들바다표범이 주로 잡아먹는 물고기는 200m보다 깊은 곳에 살아요. 그래서 **얕은 잠수를 하는 이유**는 아직 밝혀지지 않았어요.

얕은 잠수의 비밀을 밝히기 위해 어미와 새끼의 몸에 물속 모습을 볼 수 있도록 장치를 달았어요.

| 알게 된 사실 | **어미와 새끼가 함께 얕은 바다에 잠수한다** |

어미와 새끼가 동시에 얕은 잠수를 한다는 사실을 알게 되었어요. 그리고 어미가 얕은 잠수를 하는 동안 새끼가 그 뒤를 졸졸 따라다니는 모습이 수중 카메라에 촬영되었어요.

헤엄치는 방법을 가르쳐요

어미는 얕게 잠수해서 새끼에게 얼음 아래에서 헤엄치는 방법을 가르치는 것 같아. 바다표범의 엄청나게 추운 수영 교실이라고 할 수 있겠군!

엄청나게 추운 수영 교실 체크 리스트

- ☑ 물에 들어간다
- ☑ 얼굴을 물에 담근다
- ☑ 직선으로 헤엄친다
- ☑ 숨쉬기를 한다
- ☐ 먹이를 사냥한다
- ⋮

바닷새가 알려 주는 지속 가능한 육아법

굴속 둥지에서 새끼를 키워요.

큰흰배슴새
학명: Puffinus puffinus
영국과 아일랜드의 주변 섬에 살아요.

영국 웨일스 지방에 위치한 스코머섬. 이 섬에는 큰흰배슴새와 바다오리, 코뿔바다오리 등 여러 바닷새가 새끼를 키우러 찾아와요.

 바다오리
 코뿔바다오리

큰흰배슴새는 3월 무렵이 되면 번식하기 위해 스코머섬에 날아와, 짝짓기를 하고 알을 낳아요. 알이 부화하면 부모는 새끼가 자기보다 더 커질 때까지 계속 먹이를 먹여요.

크…크다. / 더 주세요.
어미 / 새끼

새끼에게 먹이를 쉴 새 없이 먹이려면 부모 새가 많이 힘들 텐데, 큰흰배슴새 부모에게 뭔가 특별한 방법이 있을까?

배고파, 배고파. / 바쁘다, 바빠.
← 오랫동안 바닷새를 연구한 쇼코 박사

쇼코 박사는 새끼를 키우는 큰흰배슴새 한 쌍의 몸에

작은 기계 장치를 붙여, 어디에서 무엇을 하는지 조사했어요.

알게 된 사실 ①

부모는 번갈아 쉬면서 새끼에게 먹이를 먹였다.

부모 중 하나가 새끼에게 먹이를 먹이는 동안, 다른 부모는 육아를 내려놓고 멀리 떨어진 아이리시해로 날아가 배를 채웠어요.

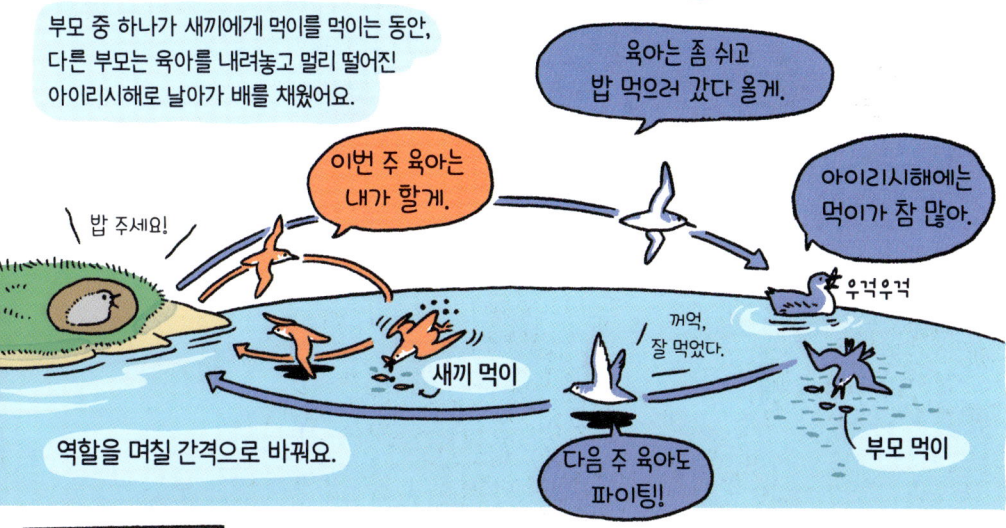

알게 된 사실 ②

부모는 먹이를 먹고 쉬면서, 새끼에게 먹이를 먹이는 동안 줄어든 체중을 회복했다.

범고래 할머니의 꾀주머니

바다 생태계의 가장 높은 곳에 위치하는 범고래. 범고래는 할머니를 비롯한 암컷을 중심으로 무리를 만들어요.

범고래 학명: Orcinus orca

전 세계 해역에 분포해요.

지역이나 무리에 따라 좋아하는 먹이가 달라요. (연어파, 바다표범파, 고래파)

수컷과 암컷은 모두 태어난 무리에 남아요.
(지금 소개하는 북태평양 동부 지역 '범고래 가족'의 경우)

암컷 범고래가 새끼를 낳을 수 있는 나이는 40세 정도까지로 알려져 있는데, 수명은 100세가 넘는 경우도 있어요. 번식할 수 없게 되어도 오랫동안 무리에서 지내요.

동물 중에는 번식할 수 있는 나이와 수명이 거의 비슷한 경우가 많아요.

살아 있는 동안 열심히 번식

하지만 범고래처럼 번식 나이와 수명이 일치하지 않는 경우도 있어요.

사람도 마찬가지 왜 그럴까?

할머니 범고래는 더 이상 새끼를 낳을 수 없지만, 집단 안에서 **특별한 힘을 발휘하는 게 아닐까?**

범고래를 연구하는 나트라스 박사

나트라스 박사와 연구진은 미국과 캐나다 연안에 사는 범고래를 한 마리씩 알아볼 수 있도록 개체 식별 작업을 했어요. 그다음으로 먹이가 많은 시기와 적은 시기에 할머니 범고래가 있는 무리와 없는 무리의 새끼 생존율을 비교했어요.

※ 개체 식별: 각 개체의 정보를 확인하기 위해 표시를 남기는 것.

알게 된 사실 — 새끼의 생존율과 할머니의 관계

할머니가 없는 무리보다 있는 무리에서 새끼의 생존율이 매우 높았어요. 특히 범고래의 주요 먹이인 왕연어가 적은 시기에는 할머니의 존재가 새끼의 생존보다 중요했어요.

범고래 가족에서 볼 수 있는 할머니 효과

할머니의 존재가 새끼의 생존율을 높이는 효과를 '할머니 효과'라고도 해요. 이 효과는 범고래와 인간처럼 번식 가능한 나이를 넘겨도 계속 살아가는 동물의 비밀을 밝힐 열쇠가 될 거예요.

소리와 맛으로 친구를 알아보는 돌고래

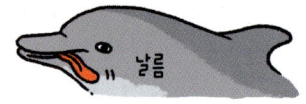

큰돌고래
학명: Tursiops truncatus
열대부터 온대 지역의 연안 해역에 주로 분포해요.

지역에 따라 몸의 형태, 크기, 먹이 사냥법이 달라요.

후각은 별로 발달하지 않았어요.

어떤 동물은 여러 감각을 이용해서 친구를 알아봐요. 인간은 두 가지 이상의 감각을 조합해서 다른 존재를 알아보지요.

친구야!
겉모습 (시각)
목소리 (청각)
냄새 (후각)
시각 후각 청각 내 친구구나.

호기심이 많고 사람을 잘 따라서, 수족관 등에서 자주 볼 수 있는 큰돌고래. 큰돌고래는 '독특한 피리 소리'로 불리는 특이한 울음소리로 동료를 알아봐요.

돌고래의 '독특한 피리 소리'란?

돌고래가 내는 독특한 억양의 울음소리예요. 돌고래는 사람처럼 저마다 고유한 소리를 지니고 있어요. 자기 존재를 드러내거나 친구들과 이야기를 나눌 때 사용해요.

끼익~ (나는 'O★□'라고 해.)
꾸우~ (반가워. 'O★□'야.)
독특한 피리 소리
끼익 이 목소리는, 설마 내 친구 O★□이!?
놀랍게도 20년 이상 기억할 수 있어요!

돌고래는 청각으로 친구를 알아보는데, 사람처럼 여러 감각을 조합해 인식할 수도 있을까?

← 동물의 인지 능력을 연구하는 브룩 박사

동물의 오줌에는 개체 정보가 들어 있는데, 돌고래는 상대의 오줌을 맛보는 행동으로 정보를 알아내는 것일 수도 있어요. 그래서 수족관의 돌고래로 실험을 했지요. 친밀한 정도가 다른 두 돌고래의 '독특한 피리 소리'와 오줌 시료를 각각 주고 반응을 살펴보았어요.

앗!
오줌
끼익~

알게 된 사실 ①

오줌의 맛으로 친구를 알아보았다

돌고래는 물보다 오줌 맛에 더 집중했어요. 그리고 친한 돌고래일수록 오줌을 맛보는 시간이 더 길었어요.

돌고래는 오줌에 남은 기름 성분을 감지해서 친구를 알아보는지도 몰라요.

※ 돌고래는 후각 능력이 거의 없는 것 같아요.

알게 된 사실 ②

맛과 소리를 조합해 친구를 인식했다

오줌과 '독특한 피리 소리'를 동시에 제시하자, 오줌과 '독특한 피리 소리'의 주인이 일치하는 경우에만 더 오래 맛봤어요.

미각, 청각처럼 서로 다른 감각을 통해 들어온 정보를 통합해 '친구 돌고래'라는 개념을 만드는 걸까?

사람이랑 똑같아요!

🟧 돌고래는 친구의 맛을 잘 알아요

이 연구로 돌고래는 청각뿐 아니라 미각으로도 친구를 알아본다는 사실을 확인했어요. 이 능력은 돌고래가 넓은 바다에서 친구를 찾을 때 많은 도움이 돼요. 소리는 금방 사라지지만, 오줌은 어느 정도 바다에 남아 있기 때문이에요.

돌고래는 오줌으로 개체를 알아볼 뿐만 아니라 몸 상태까지 알아낼지도 몰라.

힘(지위)을 나타내는 몸의 무늬

동물은 같은 종이라도 개체마다 몸 색깔과 무늬가 조금씩 달라요. 대부분은 그저 생김새가 다를 뿐이지만, 어떤 동물에게서 몸의 무늬가 힘(지위)을 나타낸다는 사실이 밝혀졌어요.

검은색 무늬

해리스참새
학명: Zonotrichia querula
북아메리카에 살아요.

가슴에 검은 무늬가 있는 개체는 자기보다 지위가 낮은 개체를 먹이가 있는 곳에서 쫓아 버릴 수 있어요.

낮다 ⬅➡ 높다

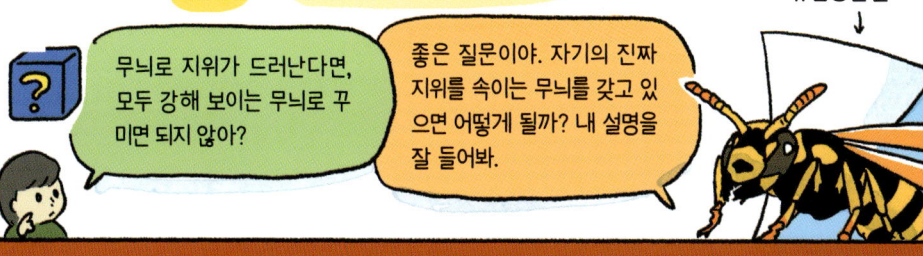

유럽쌍살벌

학명: Polistes dominula
유럽에 분포해요.

유럽쌍살벌은 낮에 활동하는 주행성 곤충이에요. 시각이 뛰어나며 사회성을 지녔어요. 암컷들이 힘을 모아 둥지를 만들어요.

벌집

어떤 벌집에는 수백 마리가 살기도 해요.

벌 사회는 지위 개념이 확실해요. 먹이의 양과 낳는 알의 숫자도 지위에 따라 결정된답니다.

유럽쌍살벌은 얼굴의 검은 반점 개수와 모양이 저마다 달라요.

1개예요.
1개지만 커요.
2개예요.
이어졌어요.
3개예요!
없어요···

바로 이것

만약 사람이 유럽쌍살벌 얼굴에 검은 반점을 그려 속이면 어떻게 될까요?

무서워!
검은 반점 없음
검은 반점 3개

앗!
쓱쓱

몸집이 큰 벌일수록 얼굴에 검은 반점이 많고, 사회적으로 지위가 높아요.

닭새우의 사회적 거리 두기

카리브해닭새우
학명: Panulirus argus
카리브해와 멕시코만의 얕은 해역에 살아요.

바위틈 같은 곳을 둥지로 삼아 몇 마리씩 무리 지어 사는 카리브해닭새우.

한 줄로 나란히 바다 밑을 행진하기도 해요.

카리브해닭새우는 낮에는 먹이를 잡고, 밤에는 둥지 안에 모여 지내요. 여럿이 모여 있으면 날카로운 가시로 몸을 지킬 수 있고, 깨물려는 천적의 공격도 피할 수 있거든요.

뾰족뾰족하네.

혼자 남겨진 닭새우

어느 날, 카리브해닭새우를 조사하던 연구자가 평소 여럿이 꼭 붙어 지내던 어린 카리브해닭새우 중 **1마리만 둥지에 남겨진 것을 발견했어요.** 건강 상태를 확인하니, 죽을 확률이 높고 전염되기 쉬운 바이러스에 감염되어 있었어요.

덩그러니

베링어 박사와 동료들

카리브해닭새우들은 바이러스에 감염된 개체와 일부러 떨어져 지내는 걸까? 어디 한번 조사해 보자.

알게 된 사실 ①

건강한 닭새우는 바이러스에 감염되어 병에 걸린 닭새우를 피했다

건강한 닭새우가 어떤 조건의 둥지를 고르는지 관찰했어요.

건강한 닭새우가 있는 둥지를 골랐어요.

빈 둥지를 골랐어요.

어느 쪽을 고를까?

 닭새우는 무리 생활을 좋아하지만, 병에 걸린 친구와 함께 지내는 것보다는 혼자가 낫다고 생각하는 것 같군.

알게 된 사실 ②

오줌에 남은 물질이 병을 알리는 신호였다.

병에 걸린 닭새우에게서 오줌 나오는 구멍을 막았더니….

다들 날 싫어해.

위험하다.

걸음아, 날 살려라!

잘 지냈어?

어, 뭐지…?

좋은 아침!

아무도 피하지 않았어.

🟧 질병으로부터 몸을 지켜요

건강한 닭새우는 <u>오줌을 통해 병에 걸린 개체의 정보를 얻고, 거리를 둔다</u>는 사실을 알게 되었어요. 이렇게 해서 무리 전체에 병이 퍼지는 것을 막는 것으로 보여요.

이쪽도 위험해!

포식자

병에 걸린 닭새우

병에 걸린 개체에게서 도망치면 은신처가 부족해져 포식자에게 잡아먹힐 위험도 높아지는 듯해요.

남의 새끼를 유괴해서 일꾼으로 부리는 벌거숭이두더지쥐

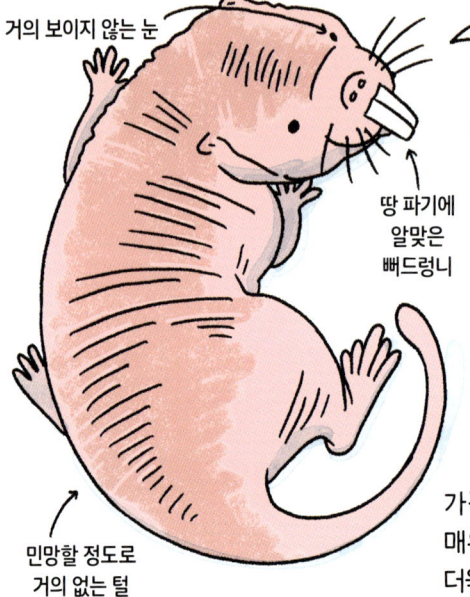

거의 보이지 않는 눈

땅 파기에 알맞은 뻐드렁니

민망할 정도로 거의 없는 털

벌거숭이두더지쥐
학명: Heterocephalus glaber
아프리카의 소말리아, 케냐, 에티오피아 등에 살아요.

벌거숭이두더지쥐는 건조한 지역에 미로처럼 얽힌 지하 터널을 파고 무리 지어 생활해요. 여왕, 왕, 일꾼으로 역할을 나누는데, 포유류 중에서는 드물게 '진사회성'을 갖고 있어요.

일꾼   왕   여왕    왕   일꾼

가혹한 환경에서 살아가기 때문에 무리의 규모가 매우 중요해요. 무리가 클수록 먹이를 얻기 쉽고, 더욱 안전하게 살 수 있기 때문이에요.

브라우드 박사

"어라? 얘가 왜 여기에?"

굴에 침입자가?

어느 날, 브라우드 박사는 벌거숭이두더지쥐 무리를 조사하다가, 다른 무리의 개체가 섞여 있는 것을 눈치챘어요.

심지어 벌거숭이두더지쥐 여왕은 누군가와 싸웠는지 얼굴에 상처가 많았어요. 갑자기 발견된 다른 무리의 개체가 '무리를 가로채려고 침입했나?'라고 생각한 브라우드 박사는 벌거숭이두더지쥐 무리 사이의 관계를 조사했어요.

"갑자기 덤벼들지 뭐예요."

상처투성이 여왕

나 홀로 생활이 좋을까, 무리 생활이 좋을까?

무리 생활의 이익과 손해

몇 마리씩 모여 작은 무리를 짓는 하이에나, 수만 마리씩 거대한 무리를 지어 하늘을 가득 뒤덮는 새 떼처럼 동물 세상에서는 정말 다양한 형태로 무리를 꾸리고 통솔하는 모습을 볼 수 있어요. 무리 지어 생활하면 어떤 점이 좋을까요? 이번에는 무리 지어 생활할 때 생기는 이익과 손해 중에서 먹이를 확보하고, 천적을 방어하는 대표적인 사례를 소개할게요.

이익 공격당할 위험이 줄어들어요

천적을 혼자 상대하면 직접 공격받지만, 100마리의 무리 속에 있으면 공격당할 확률이 이론상 100분의 1로 줄어들지요. 이처럼 무리를 만들면 공격당할 위험을 줄일 수 있어요.

작은 무리

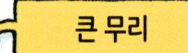
큰 무리

야생에서는 무리 지어 있으면 그만큼 적이 많아지기도 해요. 이 경우에도 위험이 줄어들까요? 어느 지역에 서식하는 야생마는 **흡혈** 파리에게 자주 물려요. 말의 무리가 클수록 모여드는 파리도 많아지지만, 말 한 마리가 물리는 횟수는 적어져요. 즉, 위험이 줄어든다고 볼 수 있어요.

이익 포식자를 혼란스럽게 해요

먹잇감인 동물이 큰 무리를 만들면, 적을 혼란에 빠뜨려 공격당하는 상황을 피할 수 있어요. 예를 들어, 오징어류나 어류에서는 먹잇감 무리의 규모가 클수록 포식자가 사냥에 성공할 확률이 떨어져요.

너무 많아서 못 고르겠어.

이익 다 함께 방어해요

장난 아니네.

무리를 이루면 방어력이 높아지기도 해요. 예를 들어, 붉은부리갈매기는 알과 새끼를 노리는 큰까마귀를 힘을 합쳐 쫓아내요. 이 경우에 까마귀의 사냥 성공률이 떨어진다는 사실이 확인되었어요.

이익 경계하는 능력이 높아져요

여럿이 모여 있으면 천적을 더욱 빨리 발견할 수 있어요. 비둘기는 무리가 클수록 독수리 같은 포식자의 접근을 빨리 알아채고 대응하지요. 그 결과, 큰 무리를 노린 독수리의 사냥 성공률은 떨어진답니다.

독수리다!

뭐라고?

뭐래?

뭐라는 거야?

이익 먹이 정보를 얻기 쉬워요

보금자리에 함께 사는 어린 큰까마귀는 좋은 먹이 장소를 아는 어른 큰까마귀를 따라가면 배를 채울 수 있어요. 이처럼 무리 생활을 하는 덕분에 먹이 정보를 더 쉽게 얻을 수 있지요.

이익 먹이를 잡기 쉬워요

무리 지어 사냥하면 한 번에 먹이를 많이 먹을 수 있고, 자기 몸보다 더 큰 먹이도 노릴 수 있어요.

여럿이 물고기를 몰아 가는 혹등고래

사냥할 때 무리가 클수록 한 마리당 많은 몫을 얻을 수 있어요.

손해 먹이 경쟁이 치열해요

계급이 있는 무리에서는 개체마다 얻는 이익이 다르기도 해요. 무리 지어 사냥해서 먹잇감을 잡아도 지위가 높은 개체가 먹이를 많이 차지하고, 지위가 낮은 개체는 먹이를 적게 받아요.

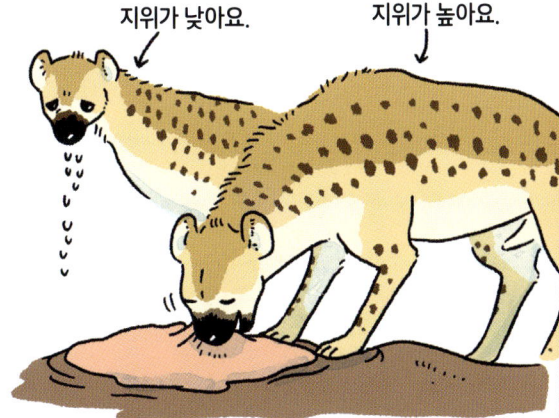

손해 기생충에 감염되기 쉬워요

무리 생활을 하면 기생충에 감염될 위험이 높아져요. 빽빽하게 모여 사는 삼색제비는 무리가 커질수록 새끼에 기생하는 이도 늘어나요.

※ 이: 몸길이가 1~4mm로 아주 작고, 동물 몸에 기생하며 피를 빨아 먹는 곤충.

이익이 더 크면 무리 생활을 선택해요

동물은 왜 무리 지어 살까요? 현재 유력한 가설은 "이익이 손해보다 크면, 무리 생활을 선택한다."라는 의견이에요. 한 몸처럼 잘 통솔되는 무리도 하나하나 들여다보면 자기 이익을 위해 움직이는 셈이지요.

각자 역할을 맡아 무리 지어 사냥하는 사자

암컷 사자 = 라이오네스

나미비아의 암사자 무리

사자
학명: Panthera leo
아프리카 대륙에 분포해요.

나미비아는 넓은 건조 지대예요. 그래서 사자의 먹잇감(스프링복, 얼룩말, 누우 등)도 드문드문 넓게 퍼져 있다 보니, 나미비아에 사는 암사자들은 집단으로 사냥해요. 혼자 사냥하는 경우는 드물고 성공률도 낮다고 해요. 사자는 대부분 밤중에 무리 지어 사냥해요.

오들오들 흠칫

무리 안에서는 사회적인 지위가 드러나지 않아요.

어떻게 협력해서 사냥할까요?

사냥할 때 암사자마다 맡은 역할이 따로 있을까요?

사자를 꾸준히 연구하는 스탠더 박사

스탠더 박사는 나미비아의 모든 암사자를 구별할 수 있도록 표시한 뒤, 5년 동안 관찰하면서 사냥하는 모습을 486번이나 분석했어요.

40 ← 개체 번호

| 알게 된 사실 | ## 역할에 따라 맡은 위치에서 사냥했다 |

사자들은 무리 지어 사냥할 때 '중앙'과 양옆의 '날개'로 나누어 자리를 잡았어요.

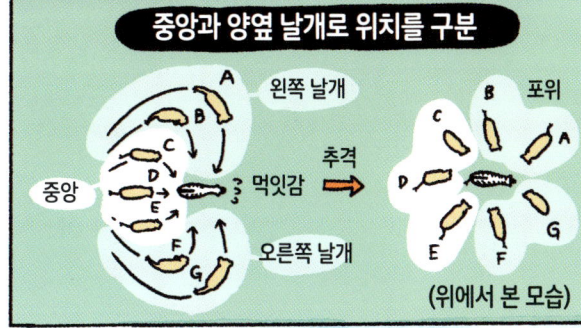

중앙과 양옆 날개로 위치를 구분

(위에서 본 모습)

중앙 (가운데)
날개를 맡은 사자들이 사냥감을 쫓으면 마지막에 덮쳐 숨통을 끊는 역할이야. 덩치가 큰 암컷이 맡지.

날개 (양옆)
사냥감에게 몰래 다가가 갑자기 공격해.

익숙한 위치에서 움직이면 성공하기 쉽다

왼쪽 날개에서 공격, 좋았어!

중앙에서도 잘했어.

각자 익숙한 역할을 맡았을 때 성공률이 높았어요.

나미비아에서는 집단 사냥이 유리

모두 준비됐나?

나미비아처럼 탁 트인 장소에서는 집단으로 사냥하는 방법이 압도적으로 유리해요. 그래서 대장이 이끄는 무리 사냥이 나타난 것 같아요.

육아 도우미, 흰목벌잡이새

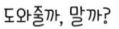
도와줄까, 말까?

손주 세대
자식 세대
부모 세대
땅속에 구멍을 파서 둥지를 만들어요.

흰목벌잡이새
학명: Merops bullockoides
중앙~남아프리카의 사바나에 분포해요. ▶

아프리카 대륙
분포 지역

깃털이 화려해서 눈에 잘 띄는 흰목벌잡이새. 최대 16마리 정도가 모여 무리를 이루고 사이좋게 지내요. 이런 무리를 '클랜'이라고 하는데, 주로 여러 세대의 친척 관계로 구성되어요.

흰목벌잡이새는 번식기가 되면 집단으로 땅속에 각자 구멍을 파서 둥지를 만들고, 새끼를 낳아 키워요. 클랜 구성원 중 젊은 새가 다른 부부의 육아를 돕는 경우도 있어요.

내가 대신 새끼에게 먹여 줄게요.
고마워!

어느 부부의 육아를 도울까요?

코넬 대학의 엠린 박사

흰목벌잡이새가 한 계절이 지나는 동안 도울 수 있는 둥지는 한 곳뿐이에요. 어떤 부부의 육아를 도울지는 정해진 규칙에 따라 선택할 것 같은데…

내가 도와줄 집은 어디?

엠린 박사는 흰목벌잡이새를 각각 알아볼 수 있게 표시한 뒤 오랫동안 관찰하면서,

육아 도우미 행동이 발생하는 조건을 조사했어요.

> 알게 된 사실

혈연관계가 가까울수록 육아 도우미 활동이 잘 나타났다

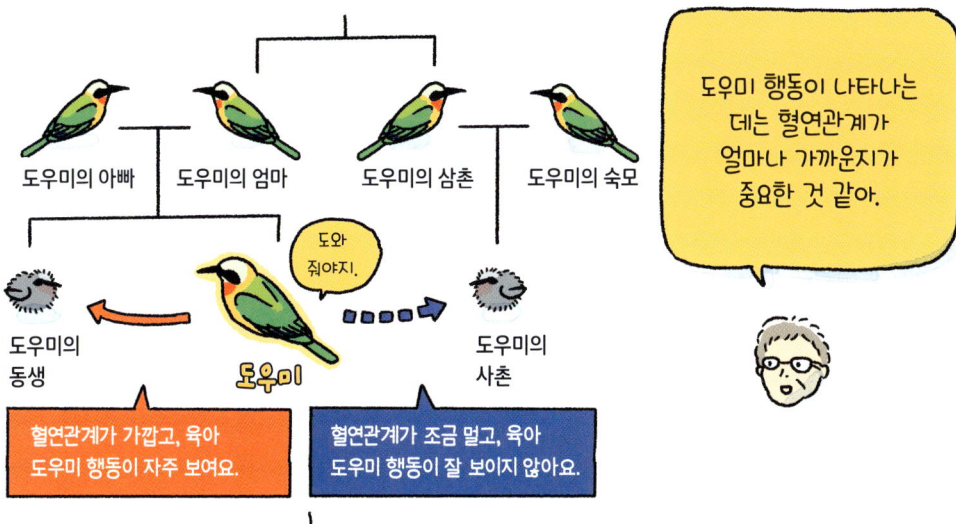

육아 도우미 행동은 육아 환경이 좋지 않은 해에 더 많이 보였어요.

자기 유전자를 다음 세대에 남기기 위해 최대한 노력해요

어찌 보면, 먹이를 평소보다 더 많이 잡아 나눠 줘야 하는 육아 도우미 행동이 도우미에게는 아무런 이익이 없어 보일 수도 있어요. 하지만 '자기 유전자를 다음 세대에 최대한 많이 남기려면 어떻게 해야 할까?'라는 관점에서 보면 충분히 이해할 수 있답니다. 도우미가 함께 보살피면 새끼의 생존율이 올라가거든요. 즉, 자기 새끼가 아니라도 혈연관계가 가까운 새끼가 살아남으면 유전 정보를 남길 수 있지요.

흰목벌잡이새는 이익(다음 세대로 이어지는 유전 정보)이 손해(도우미 행동만큼의 노력)를 뛰어넘을 때 이런 도우미 행동을 선택하는 것 같아요.

꿀물로 개미를 조종하는 나비 애벌레

그물등개미
학명: Pristomyrmex punctatus
한국, 일본, 중국 등 아시아 지역에 넓게 분포해요.

많은 곤충과 식물이 다른 종의 동물과 거래하며, 적에게서 자신을 지켜 주는 대가로 영양가가 높은 분비물을 나눠 주지요. 이처럼 다른 종류의 생물들이 서로 이익을 주고받으며 살아가는 관계를 '공생'이라고 해요. 나비의 일종인 남방남색부전나비의 애벌레와 그물등개미도 공생 관계예요. 애벌레는 개미에게 당분과 아미노산이 많은 꿀물을 주고, 개미는 애벌레를 천적에게서 지켜 주거든요.

꿀맛이야!

← 분비된 꿀물

(성충)

남방남색부전나비
학명: Narathura japonica
일본에서는 미야기현 남쪽에 살아요.

서로에게 정말 좋은 관계일까요?

개미는 나비 애벌레에게 당분을 받지 않아도 살아갈 수 있지만, 애벌레는 보호받지 않으면 천적에게 눈 깜빡할 사이에 잡아먹혀. 왠지 한쪽만 이익을 보는 것 같은 느낌….

듣고 보니 흠음 맞는 말인데?

혹시 꿀물에 비밀이 있는 것은 아닐까?

고베 대학의 호조 박사

호조 박사는 남방남색부전나비 애벌레와 그물등개미를 준비하고, 세 가지 실험 환경을 만들어 자세하게 분석했어요.

↑ 개미만 있는 환경

애벌레와 개미의 공생 환경(꿀물 있음)
↓
↑
애벌레와 개미의 공생 환경(꿀물 없음)

| 알게 된 사실 ① | **꿀물을 맛본 개미는 애벌레 주변에 머물렀다** |

꿀물을 먹은 개미는 활동성이 낮아지고 애벌레 근처에 오래 머물렀어요. 그리고 꿀물을 먹지 않은 개미보다 공격적으로 변했어요.

| 알게 된 사실 ② | **개미의 도파민 양이 감소했다** |

꿀물을 먹은 개미의 뇌 분비 물질을 조사했더니, 행동을 조절하는 물질인 도파민 양이 줄어든 사실을 알게 되었어요.

↓ 도파민 양

꿀물은 개미에게 영양분인 동시에 '마약'일지도 몰라.

사실은 애벌레가 개미를 조종해요

언뜻 보면 서로 이익을 주고받는 관계로 보였지만, 사실은 애벌레가 꿀물을 이용해 개미를 조종하는 기생 관계였다고 생각돼요.

히히….
비틀비틀
너네 뭐 하니?
꿀물을 먹지 않은 개미

거북의 등에 펼쳐진 세계

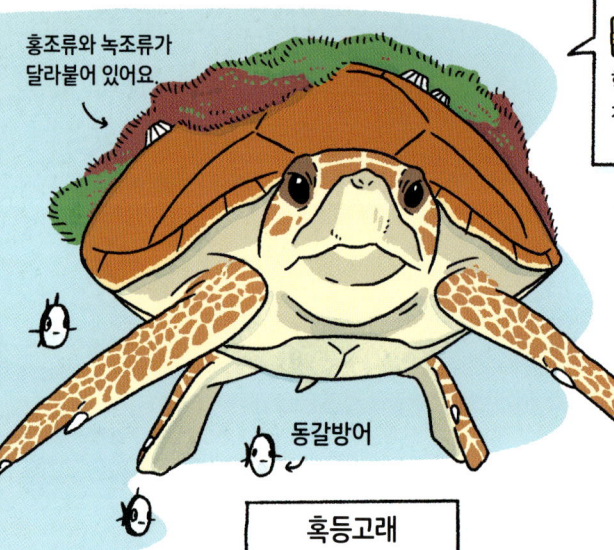

붉은바다거북
학명: Caretta caretta
전 세계의 아열대부터 온대 해역에 분포해요.

야생 해양생물의 몸 표면을 자세히 관찰하면, 많은 생물이 달라붙어 있는 모습을 볼 수 있어요. 예를 들면 혹등고래에는 '고래 이'와 대형 따개비인 '통고래따개비'가 붙어 있어요. 남방큰돌고래의 입 주변에도 귀주머니조개삿갓이 붙어 있지요. 바다거북의 몸에도 많은 종류의 생물이 달라붙어 있어요.

거북 등에서 발견된 신종 생물

최근 분류학자들의 연구 덕분에 바다거북에 붙어사는 생물 중에 새로운 생물이 다수 숨어 있었다는 사실이 밝혀졌어요.

| 알게 된 사실 | ## 바다거북의 등은 개척지

붉은바다거북의 몸 표면에서는 놀랄 정도로 많은 생물이 발견되었어요.

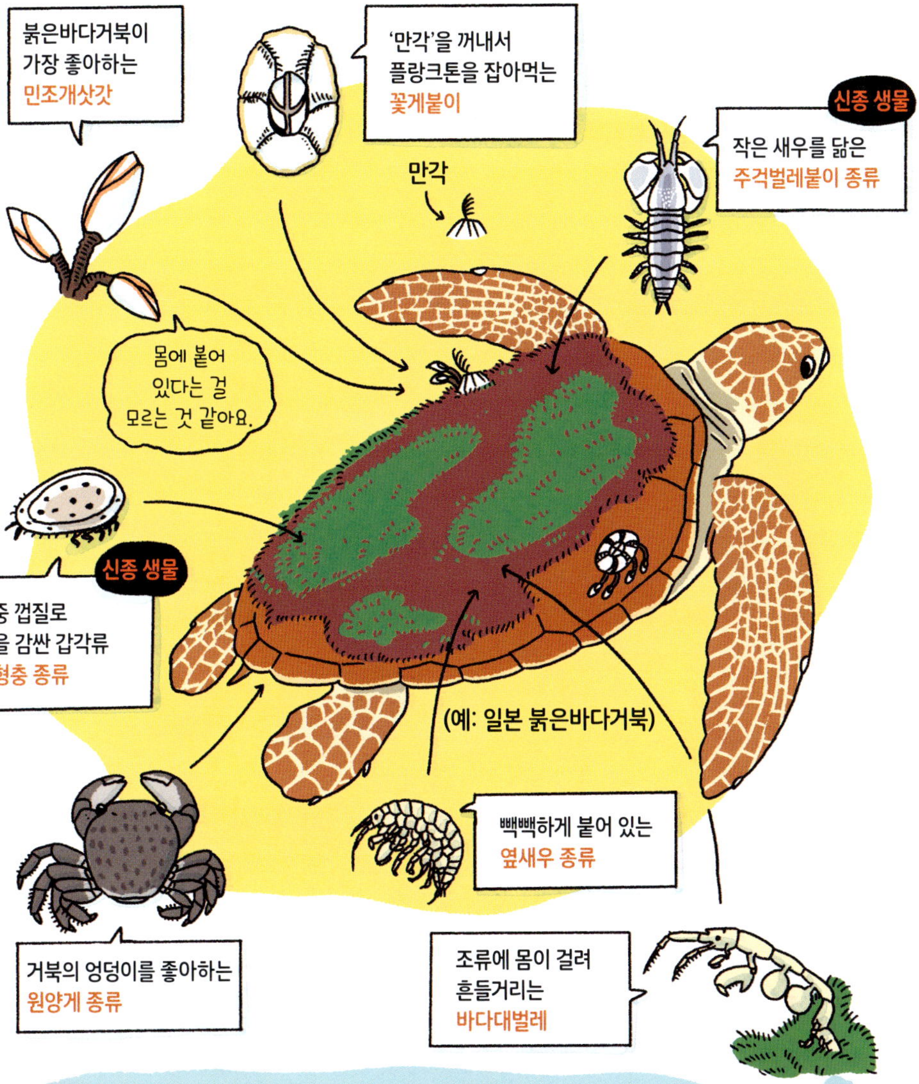

- 붉은바다거북이 가장 좋아하는 **민조개삿갓**
- '만각'을 꺼내서 플랑크톤을 잡아먹는 **꽃게붙이**
- 【신종 생물】 작은 새우를 닮은 **주걱벌레붙이 종류**
- 만각
- 몸에 붙어 있다는 걸 모르는 것 같아요.
- 【신종 생물】 이중 껍질로 몸을 감싼 갑각류 **패형충 종류**
- (예: 일본 붉은바다거북)
- 빽빽하게 붙어 있는 **옆새우 종류**
- 거북의 엉덩이를 좋아하는 **원양게 종류**
- 조류에 몸이 걸려 흔들거리는 **바다대벌레**

 ## 등에 올라타는 히치하이크

패형충 같은 생물은 이동하는 시기가 따로 없이 평생 바다를 떠돌아요. 아마도 어느 시점에 바다거북의 등에 올라타서 넓은 범위를 이동할 것으로 추측돼요.

제5장

끝없이 이어지는 새로운 발견

멀리서 태풍이 오는 걸 느끼고 피하는 작은 새

온다…

휘이이잉…

몸무게는 겨우 9g (체리 한 개 정도 🍒)

눈에 띄는 황금색 머리

수컷은 목과 눈 주변이 검은색

황금날개솔새
학명: Vermivora chrysoptera
북아메리카와 중앙아메리카를 오가는 철새예요.

황금날개솔새는 중앙~남아메리카에서 겨울을 나고, 봄이 되면 북아메리카로 건너가 번식해요. 몸무게가 겨우 9g 남짓한 조그만 새지만 5,000km가 넘는 먼 거리를 날아가요.

북쪽 번식을 해요.
겨울을 나요 남쪽

새의 '이동'은 크게 둘로 나뉘어요

아기 새를 키우려고요.
북극으로 갑니다.

1. 유전자에 새겨진 정기적인 이동
(번식과 먹이 섭취를 위해)

2. 날씨 변화 등의 이유로 인한 비정기적인 이동

날씨가 심상치 않아 다른 곳으로 이사 갑니다.

'이동 1'을 끝내고 번식기를 맞아 안전하게 자리 잡은 새들도 나쁜 날씨를 피해 움직일까?

조류학자인 스트레비 박사

스트레비 박사와 연구진은 '이동 1' 이후 번식을 시작한 황금날개솔새들이 거대한 태풍에 어떻게 대응하는지 조사했어요.

태양이 떠 있는 시간으로 위치를 추정하는 **위치 추적 기록 장치**인 지오로케이터를 붙였어요.

아주 작은 기계야.

알게 된 사실

황금날개솔새는 거대한 태풍이 다가오는 것을 1~2일 전에 느끼고, 안전한 장소로 피했다.

태풍이 다가오는 것을 느껴요

황금날개솔새들은 먼 곳에서 다가오는 태풍의 기운을 느끼는 것 같았어.

태풍을 피해요

황금날개솔새들은 태풍이 다가오기 1~2일 전에 남쪽으로 700km나 이동했어요.

대단해.

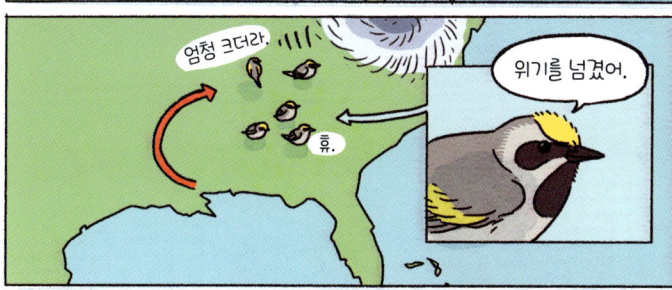

원래 지내던 곳으로 돌아가요

태풍이 지나가자 황금날개솔새들은 원래 지내던 곳으로 돌아갔어. 번식기의 새가 이만큼 멀리 날 줄이야!

황금날개솔새들이 태풍을 피해 움직이기 시작했을 때는 태풍이 900km 정도 떨어져 있어서 눈에 띄는 환경 변화는 없었다고 해요.

여러 가능성이 있지만 나는 이렇게 생각했단다.

태풍이 진짜 올까?

당연하지! 빨리 피하라고!

황금날개솔새는 태풍이 움직이는 소리를 듣는 게 아닐까요?

대기가 크게 흔들리면 사람에게는 들리지 않는 저주파 음이 발생하기도 해요. 새는 이 소리를 들을 수 있지요. 그래서 황금날개솔새들이 한발 먼저 태풍의 접근을 알아차렸을지도 몰라요.

산을 넘는 바닷새, 슴새

좁고 긴 날개로 바람을 이용해서 바다 표면 가까이 날아요.

슴새
학명: Calonectris leucomelas
일본 주변 섬에서 구멍을 파고 새끼를 키워요.

둥지를 떠난 새끼 (어른 새의 모습과 거의 비슷해요.)

둥지에 있을 무렵의 새끼

번식 지역 (여름)

겨울을 보내는 지역

슴새는 여름에는 일본 주변에서 새끼를 키우고, 겨울에는 적도 부근으로 날아가는 바닷새예요. 어미 새는 11월 무렵이 되면 충분히 자란 새끼만 두고 남쪽으로 떠나요. 남겨진 새끼는 밤마다 둥지 밖으로 나가 날갯짓을 연습해요. 때가 되면 바위에서 "이얍!" 하며 뛰어내리고 다시 하늘로 날아올라 일본에서 적도까지 긴 여행을 시작해요.

내가 간다!

에구!

조금 날았어!

다른 새끼들

성공이야?

날 준비를 하고 기회를 엿보다가 뛰어내리는 새끼 (대단한 용기예요.)

한 번도 날아 본 적 없는 새끼들이 갑자기 적도까지 날아가다니 정말 대단하군. 어떤 경로로 날아갈까?

나고야 대학의 요다 박사

요다 박사는 위치를 알려 주는 GPS 기록 장치를 새끼 슴새에게 붙였어요. 그리고 새끼 슴새가 일본 니가타현 아와시마섬의 둥지에서 떠난 다음부터 뒤를 추적했어요.

GPS 기록 장치

> 알게 된 사실

둥지를 떠난 새끼 중 30% 정도는 일본 앞바다에서 목숨을 잃었어요. 나머지는 일본의 본섬을 가로지르듯이 높은 산들을 날아서 넘었어요.

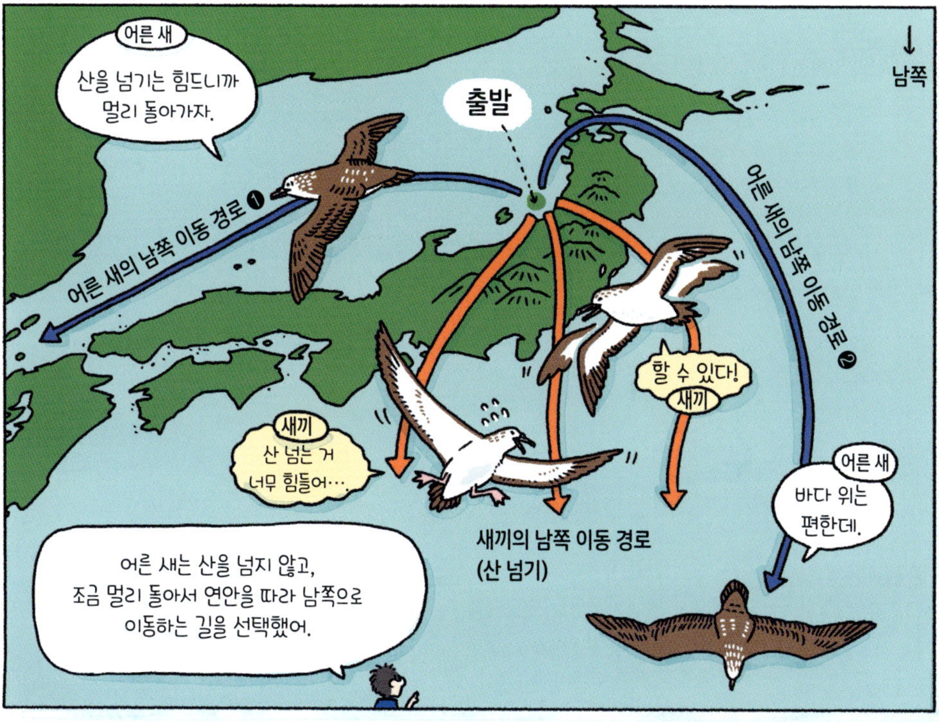

어른 새: 산을 넘기는 힘드니까 멀리 돌아가자.

출발

↓ 남쪽

어른 새의 남쪽 이동 경로 ❶

어른 새의 남쪽 이동 경로 ❷

새끼: 산 넘는 거 너무 힘들어…

할 수 있다! 새끼

어른 새: 바다 위는 편한데.

새끼의 남쪽 이동 경로 (산 넘기)

어른 새는 산을 넘지 않고, 조금 멀리 돌아서 연안을 따라 남쪽으로 이동하는 길을 선택했어.

경험을 활용해 위험한 경로를 피해요

둥지를 막 떠난 새끼 새는 본능에 따라서 직선으로 날아 남쪽으로 가려는 것 같아요. 하지만 어른 새는 그동안 쌓은 경험을 바탕으로 계산해서 위험하게 산을 넘지 않고, 멀리 돌아가더라도 편한 경로를 선택하는 것으로 보여요.

산에서 보이는 슴새는 산 넘기에 도전하는 새끼일 확률이 높아.

학습 능력이 너무 높으면 일찍 죽는 파리

거짓말….

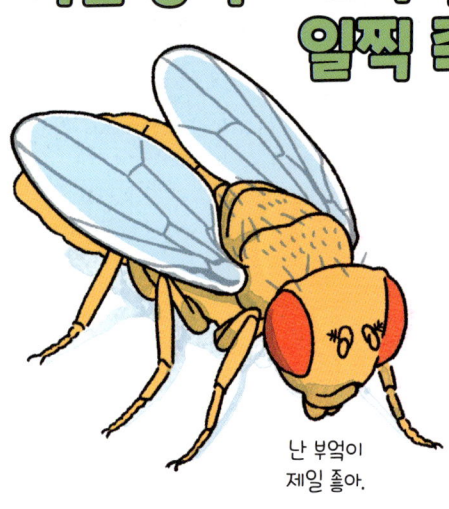
난 부엌이 제일 좋아.

노랑초파리
학명: Drosophila melanogaster
남극을 제외한 모든 대륙에 분포해요.

몸길이가 2~3mm 정도인 노랑초파리는 집 안에서도 자주 볼 수 있어요. 온도가 적절한 환경에서는 알에서 깨어난 뒤 약 10일이면 다 자라서 다음 날 알을 낳을 수 있어요.

1년 동안 30세대가 태어나기 때문에 다양한 연구 분야에서 활용하는 '모델 생물'이기도 해요.

와, 벌써 어른!

학습은 플러스로 작용해요

어떤 동물들은 먹이를 찾는 방법, 번식 시기, 천적에게서 도망치는 방법 등을 학습하면서 계속 바꿔 나가요. 이러한 동물들에게 학습은 다음 세대에 자손을 남기는 데 도움이 되는 것으로 보여요.

언제 알을 낳아야 할까?

어떤 먹이를 먹어야 할까?

동물의 학습 능력을 연구하는 버거 박사

동물의 학습 능력이 저마다 다른 것을 보면 아무래도 유전적인 영향이 있는 것 같아. 그럼 학습 능력이 높은 개체끼리 자식을 계속 낳으면 학습 능력이 점점 더 좋아질까? 그리고, 높은 학습 능력 때문에 오히려 손해를 보는 경우도 있을까?

그래서 노랑초파리로 실험을 했어요.

어험
똑똑한 파리로 키우는 육아법

알게 된 사실 ①　학습 능력은 다음 세대로 이어질수록 좋아졌다

쓴맛 젤리와 보통 젤리를 준비해 파리가 쓴맛을 피할 때까지 걸리는 학습 시간을 조사했어요. 또 쓴맛을 피한 파리끼리 짝짓기 해서 태어난 15세대 자손까지 같은 실험을 거듭했어요. 그러자 쓴맛을 피하기 위해 필요한 학습 시간은 자손 세대로 내려갈수록 점점 짧아졌어요.

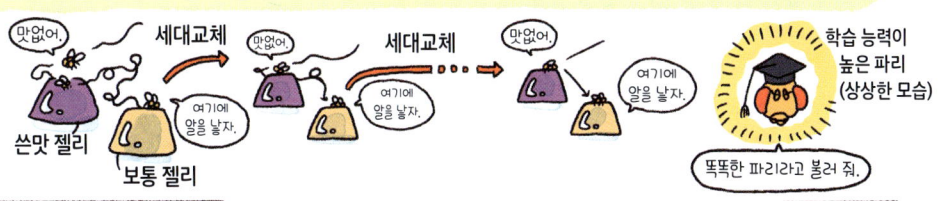

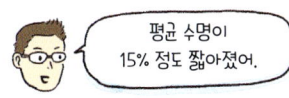

똑똑한 파리의 수명은 보통 파리보다 짧았다

평균 수명이 15% 정도 짧아졌어.

알게 된 사실 ③

장수하는 파리는 어릴 때 학습 능력이 낮았다

높은 학습 능력을 얻는 대신 수명이 짧아진다면, 오래 사는 파리는 학습 능력이 낮을 거라는 생각으로 조사해 보았지. 결과는 생각한 그대로였어.

지능과 관련된 파리의 손해

'똑똑한 지능'을 얻으려면 '수명 단축'이라는 대가를 치러야 한다는 사실을 초파리 실험으로 알게 되었어요. 하지만 야생 파리가 어느 한쪽을 항상 먼저 고른다고 딱 잘라 말할 수는 없답니다.

(학습 능력 높음)

알을 낳을 때 심장이 멈추는 연어

연어
학명: Oncorhynchus keta
일본과 러시아에서 강을 거슬러 올라 번식해요.

강에서 태어난 새끼 연어는 처음 몇 달 동안에는 강에서 지내다가 곧 바다로 가요. 몇 달 동안 육지와 가까운 연안 지역에서 지내다가 오호츠크해, 베링해, 알래스카만에서 1년 반에서 6년 정도 살아가요. 충분히 성숙하면 태어난 강으로 돌아와 가을부터 겨울에 걸쳐 번식해요. 알을 낳은 후에는 모든 연어가 강에서 죽어요.

고향에 돌아와 알 낳아요

약 4년 만에 바다에서 강으로 돌아와요.

번식하기 위해 강으로 거슬러 올라가요.

수컷은 주위를 경계해요

암컷은 강바닥을 파서 산란 둥지(알 낳을 곳)를 만들어요.

수컷과 암컷이 힘을 모아 알 낳을 곳을 마련해요.

이얍!

산란 둥지 위에서 암컷이 입을 벌리고 알을 낳아요. 그러면 수컷도 옆에 붙어 입을 벌린 채 그 위에 정자를 뿌려요.

알을 낳을 때 연어의 몸속에서는 어떤 일이 벌어질까요?

연어를 연구하는 마키구치 박사

연어의 산란 행동을 관찰한 연구가 많아서 어떤 내용인지 잘 알겠어. 그런데 몸속의 생리적인 상태(심장박동 등)는 어떨까?

그래서…

연어에게 심장 박동을 기록하는 장치를 붙였어요.

센서는 몸 안에 있어요.

> 알게 된 사실

알을 낳고, 정자를 뿌릴 때 심장이 멎었다

일본 홋카이도의 시베쓰강을 거슬러 오른 연어를 잡아서 알 낳을 때의 심장 박동을 확인했어요. 그러자 수컷과 암컷 모두 입을 벌린 채 동시에 몇 초 동안 심정지 상태가 된다는 사실을 알게 되었어요.

알 낳는 중

수컷
약 5.2초 동안 정지
약 5.2초

연어의 심전도

암컷
약 7.4초 동안 정지
약 7.4초

으악!

← 너무 놀라 심장이 멈출 뻔한 마키구치 박사

이러한 심정지 현상이 자율신경과 관련 있는지도 조사했어(약간 전문적인 내용이야).

부교감신경의 작용을 막는 약물을 주사

괜찮을까…?

기록 장치

이야!

알 낳거나 정자를 뿌리는 중

흠…. 연어의 심정지는 부교감신경이 제어하는 것 같아.

아직 뛰는 것 같아.

심장이 멈추었어?

어쩌면 다른 생물도 같은 현상을 겪을 수 있어.

❗ 다른 생물도 겪는 공통적인 현상?

연어뿐 아니라 참문어도 정자를 뿌릴 때 심장이 멈춘다고 해요.

바다 밑의 불도저, 모래무치염통성게

온몸이 털처럼 생긴 가시로 뒤덮여서 덥수룩해 보여요.

모래무치염통성게
학명: Echinocardium cordatum
전 세계 온대 지역의 모랫바다 속에 살아요.

성게 종류인 모래무치염통성게. 일본에서는 '오카메분부쿠'라고 해요. 일본 전래동화 중 '분부쿠 차솥'에 나오는 너구리와 비슷하게 생겼고, 표면의 가시를 제거한 껍질이 일본 전통 가면인 '오카메 가면'과 비슷하다고 해서 이런 별명이 붙었어요.

우리가 닮았다고?
껍질 / 오카메 가면

바다 밑을 마구 뒤섞어요

바위가 많은 곳에서 자주 보이는 성게와 달리 모래무치염통성게는 모래 속에 파묻혀 생활해요. 모래 속에서 퇴적물을 들이마시고, 그 속에 있는 유기물을 섭취하며 살아가지요. 덥수룩한 가시로 주변 모래를 휘저으며 마치 불도저처럼 이동해요. 모래무치염통성게가 뒤섞어 놓은 바닥은 부드러운 진흙 상태가 된답니다.

숨 쉬는 구멍
뒤섞이는 모랫바닥
꿈틀꿈틀

이런 환경에서는 덩치 큰 저생생물은 거의 볼 수 없고, 해저 표면의 조류가 증가하며 바닥에 쌓인 암모니아가 바닷속으로 흩어져요.

※ 저생생물: 물 밑에서 사는 생물.

암모니아
모래무치염통성게 건설

집을 지어도 금방 무너지는걸.

큰 해일을 만난 성게들은 어떻게 될까요?

2011년 동일본 대지진으로 발생한 해일 때문에 동일본 태평양 쪽 바다의 해저 환경은 크게 바뀌었어요.

거대한 자연재해가 일어나면, 모래무치염통성게들은 어떻게 될까?

저생생물을 연구하는 세이케 박사

알게 된 사실 | 1년 반 뒤 되돌아와 바다 밑을 마구 뒤섞었다

일본 이와테현의 후나고시만에서 진행한 조사에 따르면, 모래무치염통성게들은 지진이 일어나자 모두 모습을 감추었어요. 하지만 지진이 발생하고 약 1년 반 뒤에 새끼 모래무치염통성게가 정착해서 사는 모습을 확인할 수 있었어요.

그 후 모래무치염통성게들은 쑥쑥 커서 6년이 지나자 다 자랐다고 해요. 그리고 숫자가 늘어나면서 이들의 활동으로 바다 밑바닥이 다시 부드러워졌다고 해요.

 ## 빠르게 회복했어요

모래무치염통성게는 바다 밑바닥 환경을 크게 바꿔요. 지진이 일어난 직후에는 자갈투성이였지만, 모래무치염통성게가 다시 정착하면서 1~2년 정도 만에 원래의 진흙 상태로 감쪽같이 돌아왔어요.

큰 해일 이후라 원래대로 회복하기 힘들 텐데, 모래무치염통성게는 정말 대단하구나.

노력하면 돼.

먹잇감을 유혹하는 황금무당거미의 색과 모양

황금무당거미
(자이언트황금무당거미)
학명: Nephila pilipes
일본과 타이완, 동남아시아에 넓게 분포해요.

일본에서 만날 수 있는 거미줄 치는 거미 중에서 최대 크기를 자랑하는 황금무당거미. 대만과 동남아시아에도 넓게 분포해요. 덤불 속이나 일반 가정집에 거미줄을 치고 먹잇감을 기다려요. 거미줄에는 곤충뿐 아니라 작은 새나 박쥐가 걸리기도 해요.

황금무당거미

거미?

눈길을 사로잡는 검정과 노랑 줄무늬

황금무당거미는 몸에 검정과 노랑 줄무늬가 있어요. 눈에 아주 잘 띄는 색이지요.

박새

❓ 검정과 노랑 줄무늬는 어떤 효과가 있을까요?

멜버른 대학의 펜 씨

황금무당거미의 무늬가 위장이라는 이야기도 있고, 경고색 또는 먹이를 유인하는 방법이라는 이야기도 있는데 실제로는 어떨까?

거미의 색과 무늬에 대한 다른 생물의 반응을 조사했어요.

골판지와 색종이로 거미 모형을 세 가지 만들고, 가까이 다가온 생물의 반응을 살펴봤어요.

① 기본 모형
(검정 바탕에 노랑 모자이크)

② 검정 바탕에 파랑 모자이크

③ 검정 바탕에 한 부분만 노랑

실험에 사용한 세 가지 모형

진짜 거미를 거미줄에서 끄집어내고, 그 자리에 거미 모형을 놓고 관찰했지.

알게 된 사실 **먹잇감을 유인했다**

낮 시간 동안 진행한 실험에서는 ①번 모형이 먹잇감인 벌과 나비를 많이 불러들였어요.

노랑과 검정이 모자이크 형태로 배치된 점이 효과적인 것 같아.

꽃으로 착각해서 접근할 가능성이 있어요

검정 바탕에 노랑 모자이크 무늬를 가진 모형은 많은 나비와 벌을 불러들였어요. 하지만 다른 모형은 효과가 별로 없었어요. 어쩌면 노랑이 꽃가루 색이라서 나비와 벌이 꽃인 줄 알고 가까이 다가왔을지도 몰라요. 모자이크 무늬도 먹잇감을 불러들이는 효과가 있을 것 같지만, 이 부분은 자세하게 밝혀지지 않았어요.

플라스틱 쓰레기를 먹거나, 먹지 않는 바다거북

붉은바다거북
학명: Caretta caretta
전 세계의 아열대~온대 바다에 분포해요.

푸른바다거북
학명: Chelonia mydas
전 세계의 열대~온대 바다에 분포해요.

바다를 둥둥 떠다니는 해양 쓰레기 문제가 심각해요. 이미 170종 이상의 해양 생물이 사람이 버린 쓰레기를 먹이로 착각해 삼키고 있다는 사실이 확인되었어요. 이로 인해 해양 생물의 장이 막히거나 장에 오염 물질이 쌓일 위험성이 높다고 해요. 바다거북도 해양 쓰레기를 많이 삼킨다는 조사 결과가 보고되었어요.

❓ 생물 종류에 따라 먹는 쓰레기의 양이 다를까요?

붉은바다거북 (쓰레기 적음) ← 해양 쓰레기 → 푸른바다거북 (쓰레기 많음)

일본 이와테현에서 바다거북을 조사하던 후쿠오카 박사는 소화관의 내용물과 똥을 조사하다가, **거북 종류에 따라 쓰레기를 삼킨 양이 다르다**는 사실에 의문을 품었어요.

"푸른바다거북 배 속에 쓰레기가 더 많네…."

바다거북의 식성을 연구하는 후쿠오카 박사

쓰레기를 삼키는 양이 왜 다른지 알아보기 위해 두 종류의 바다거북 몸에 비디오카메라를 매달고 바다거북이 쓰레기를 먹는 모습을 실제로 확인했어요.

알게 된 사실

푸른바다거북은 눈앞의 쓰레기를 먹을 확률이 높았다

붉은바다거북이 해양 쓰레기를 삼킬 확률은 17%였지만, 푸른바다거북은 62%나 됐어요. 푸른바다거북의 몸속에서 해양 쓰레기가 많이 나오는 이유는 먹이로 착각하고 삼키는 확률이 높기 때문이에요.

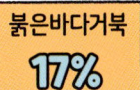

푸른바다거북은 주로 바다 밑에서 자라는 해초와 해조를 먹는데, 바닷속을 떠다니는 조각난 해조나 해파리도 먹어. 그래서 쓰레기를 먹이로 쉽게 착각하는지도 몰라.

❗ 쓰레기를 먹고 죽는다고요?

죽어서 해안가에 떠밀려온 바다거북의 몸속에서 많은 해양 쓰레기가 발견되다 보니, 쓰레기가 바다거북의 소화관을 막아 죽였다고 생각하는 사람이 많아요. 하지만 바다거북은 해양 쓰레기뿐만 아니라 자연 쓰레기(나뭇조각, 조개껍질, 성게 가시 등)도 많이 먹는 데다가, **모든 쓰레기는 똥이 되어 몸 밖으로 나와요.** 해양 쓰레기가 몸속에 쌓여서 죽는 일은 특별한 상황을 제외하면 거의 없을 거예요.

하지만 오염 물질이 쌓이거나 성장이 느려지는 등 2차적인 영향에 대해서는 계속 연구할 필요가 있겠지요.

비교해 보자! ⑧

가축화한 동물들

개나 고양이를 비롯해 소, 돼지, 닭 등 많은 가축이 있어요. 가축은 사람이 기르고 돌보는 동물을 말하는데, 야생동물이 이렇게 되는 것을 '가축화'라고 해요. 사람을 잘 따르는 성질 등을 고려해 동물을 짝짓기하는 방법으로 지금까지 많은 동물을 가축화했어요. 이렇게 가축화한 동물에게는 공통적으로 어떤 변화가 나타났답니다.

가축화한 동물들

소, 양, 토끼, 고양이, 돼지 등….

강아지 같은 여우가 된다

붉은여우

사람이 좋아. × 사람이 좋아.
↓
사람이 좋아. × 사람이 좋아.

사람이 길들인 여우끼리 계속 짝짓기를 했더니, 강아지 같은 생김새와 성격의 여우가 태어났어요.

여우를 가축화하면 어떻게 될까요?

붉은여우는 원래 경계심이 강해요. 그런데 어떤 연구자가 붉은여우를 대상으로 가축화 실험을 했어요.

사람을 보면 꼬리를 동그랗게 말아 흔들어요.
좋아해. 예뻐해 줘. 나 귀엽지. 나랑 놀자.

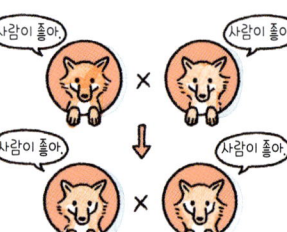

- 얼룩무늬가 생겼어요.
- 이빨이 작아졌어요.
- 콧등이 짧아졌어요.
- 귀가 처지고 펄럭였어요.

가축화가 가져오는 변화

가축화한 동물에게는 종류와 상관없이 공통적으로 나타나는 변화가 있어요.

▲ 몸에 얼룩무늬나 갈색 부분이 나타나요.

▲ 귀가 늘어지고 펄럭이거나 작아져요.

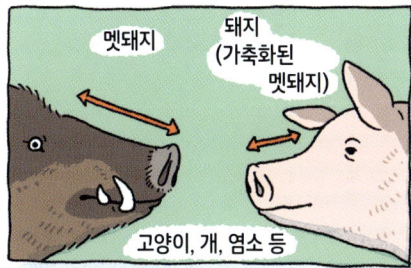
▲ 콧등이 짧아져요.

▲ 이빨이 작아져요.

▲ 성격이 온순해지고 어리광을 부려요.

▲ 뇌와 머리뼈가 작아져요.

▲ 번식 기간이 길어지고, 새끼를 많이 낳아요.

▲ 꼬리가 동그랗게 말려요.

이렇게 공통적으로 나타나는 다양한 변화는 사실 특정 세포가 작용한 결과로 보여요.

계속 ▶

특정 세포군이 몸 전체를 바꾼다는 가설

가축화하면 왜 모두 비슷한 특징이 나타날까요? 이 현상은 '신경제세포'라는 세포군과 관련 있다고 해요. 이 세포군은 몸이 완성되며 전체적으로 점점 퍼져서 귀, 털, 이빨, 장기를 만드는 세포의 바탕이 돼요.

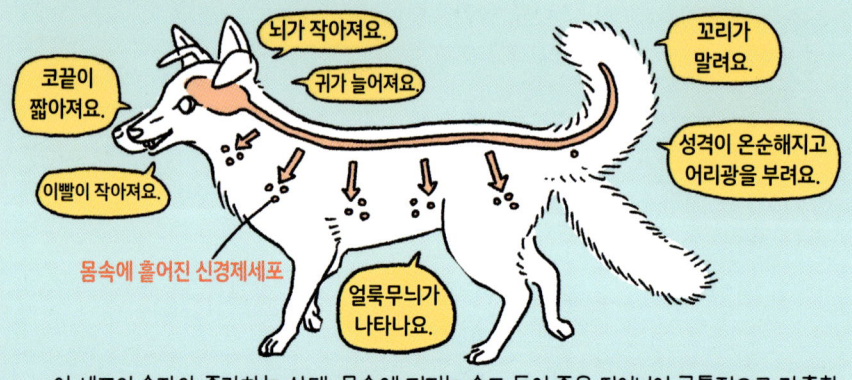

이 세포의 숫자와 증가하는 상태, 몸속에 퍼지는 속도 등이 종을 뛰어넘어 공통적으로 가축화 특징이 나타나게 하는 이유로 꼽혀요.

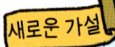
새로운 가설

일부 늑대가 스스로 가축화되었다?

사람들은 옛날에 농사짓던 사람들이 온순한 늑대를 골라서 가축화한 동물이 개라고 생각했어요. 하지만 늑대의 가축화가 사람이 농사를 짓기 이전(수렵기)부터 시작되었다는 사실을 증명하는 연구가 발표되었어요. 원래 공격적인 늑대를 몇십 년에 걸쳐 개로 만드는 것은 비현실적이라며, 사람이 가축화했다는 의견을 부정하고 있지요. 최근에는 늑대가 스스로 가축화했다는 가설이 힘을 얻고 있어요. 사람을 그다지 두려워하지 않는 늑대들이 먼 옛날 수렵기에 사람들 가까이에서 살며 남은 음식을 얻어 먹었고, 그런 늑대끼리 자손을 남기고 다른 늑대 무리와 떨어져 살다가 어느 시점에 개가 되었다는 내용이에요.

개는 늑대에게는 없는 **특별한 능력**을 갖고 있어요. 바로 사람의 **몸짓에 담긴 의도를 이해하고 소통하는 능력**이에요. 이 능력은 옛날에 농사짓던 사람들에게 큰 도움이 되었을 것이고, 개를 곁에 둔 이유가 되었을 거예요. 이처럼 일부 늑대가 스스로 사람 곁에 다가와서 가축화된 결과로 개가 되었다는 가설이 최근 지지를 받고 있어요.

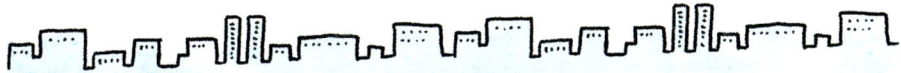

지금 우리 주위에 있는 야생동물 중에도

지금 우리 근처에 있는 야생동물 중에서도 개처럼 스스로 가축이 되려는 행동을 보이는 동물이 있을지도 몰라요.

코요테
도시에서 쓰레기를 찾아다니던 코요테는 사람이 설치한 카메라에 스스럼없이 다가왔어요.

대륙검은지빠귀
도시에 사는 대륙검은지빠귀는 공격성이 낮고 번식기가 길어졌어요.

키 사슴(Key deer)
도시화가 진행된 지역에 사는 키 사슴은 사람을 무서워하지 않았어요.

인구가 점점 증가하는 상황에서 사람을 무서워하지 않는 야생동물이 살아남기 쉬워지고, 이런 동물의 자손이 많아지면 어떻게 될까요? 우리가 더욱 큰 책임감을 갖고 동물들을 지켜봐야겠어요.

네 번의 번식기 중에서 빙하가 하나도 없던 때가 한 번 있었어. 데이터를 비교해 본 결과, 빙하가 있었던 연도와 없었던 연도의 펭귄 행동과 육아 성공률이 크게 다르다는 사실을 알게 되었지.

알게 된 사실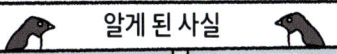

얼음이 줄어들면 좋은 환경
일부 지역의 펭귄에게는

빙하가 적은 연도에는 조사 지역에 사는 아델리펭귄의 육아 성공률이 높다는 사실을 알게 되었어요.

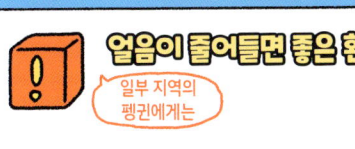

하지만 빙하가 원래 없는 지역에서도 같은 현상이 일어나는지는 알 수 없어. 그러니 다음엔 그 지역을 조사할 필요가 있겠지?

맞아!

지구가 뜨거워지면?

대기 중의 이산화탄소와 기타 온실효과 가스의 농도가 높아지면서 지구의 기후는 계속 변하고 있어요. 지구의 평균 기온은 1900년 이후 약 1℃ 상승했고, 비가 쏟아지는 '호우'나 이상고온 현상인 '열파'처럼 극단적인 기후가 자주 나타나고 있어요. 이러한 기후 변화는 동물들에게 어떤 영향을 줄까요?

몸의 형태와 크기가 달라져요

북쪽으로 이동, 변화한 골격

북아메리카에 사는 미국흰발붉은쥐는 최근 따뜻한 겨울이 계속 이어지자, 1년 동안 11km의 속도로 북쪽으로 올라갔어요. 서식하는 곳이 달라진 거예요. 머리뼈 모양도 변화했어요.
(이동한 곳에서 먹이가 바뀌었을 가능성이 있어요.)

짧아진 벌의 혀

로키산맥에 사는 호박벌은 40년 전에 살던 호박벌보다 혀 길이가 25% 정도 짧아졌어요.

 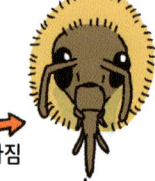 

혀 → 짧아짐

기후가 따뜻해지면서, 긴 혀로 꿀을 빨아 먹어야 하는 꽃이 줄어든 것이 원인인 듯해요.

작아진 몸집

다양한 동물의 몸집이 작아지는 현상이 보고되었어요. 기온 상승의 영향으로 먹이의 질과 잡고 잡아먹히는 관계가 변화한 것이 그 원인인 것 같아요.

수컷과 암컷의 균형이 바뀌어요

바다거북의 성별은 모래 속에서 알이 부화할 때까지 기간 중 어느 일정 기간에 접한 온도로 결정돼요. 모래사장의 온도가 계속 높으면 암컷이 극단적으로 많이 태어날 가능성이 있어요.

먹이가 있어야 할 시기에 없어요

이르게 싹 틔우는 새싹

기후 변화 때문에 순록이 먹을 새싹이 이른 봄에 싹을 틔우게 되었어요. 이 때문에 멀리에서 새싹을 먹으러 와도 충분히 먹을 수 없어서 순록의 숫자가 크게 줄었어요.

새싹이 나는 시기와 순록이 이동하는 시기가 맞지 않게 되었어요.

많아지는 시기가 빨라진 요각류

아메리카바다쇠오리가 번식기에 주로 먹는 것은 대형 요각류예요. 요각류는 깊은 바다에 있다가 바다 표면 근처의 온도가 적당해지면 올라와서 숫자가 폭발적으로 늘어나요. 최근 바다 표면 온도가 뜨거워지면서 요각류가 가장 많아지는 시기가 2개월이나 빨라졌어요. 하지만 아메리카바다쇠오리의 번식기는 그대로라서 먹이 부족으로 번식 성공률이 떨어지게 되었답니다.

※ 요각류: 갑각류의 한 무리.

행동이 바뀌어요

뜨거운 몸을 식혀요

기온이 올라가면서 많은 동물이 높아진 체온을 내리느라 위해 많은 시간을 쓰게 되었어요.

더스키벌새는 기온이 높아지면 먹이 찾기를 멈추고, 그늘로 이동해요.

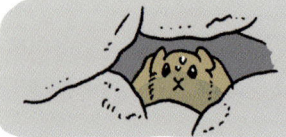

아메리카우는토끼는 여름철에 기온이 높아지면 더위를 견딜 수 있는 굴에서 오래 머물러요.

가시도마뱀 종류도 높아진 체온을 내리기 위해 쉬는 시간이 늘면서 먹이를 찾는 시간이 줄었어요.

숨을 자주 쉬어요

바닷물 온도가 상승하면, 숨을 참고 물속에 잠수하는 파충류(일부 뱀, 거북, 악어 등)가 잠수할 수 있는 시간이 짧아져요. 이 동물들은 잠수하면서 쉬기도 하고 적을 피하기도 하며, 먹이를 잡기도 해요. 그래서 잠수 시간이 짧아지면 상황이 나빠질 가능성이 있어요.

빙하가 녹아요

기온 상승 때문에 북극의 빙하가 녹아서 눈에 띄게 줄어들고 있어요. 그 덕분에 어떤 동물은 이익을 얻고, 어떤 동물은 손해를 보고 있답니다.

북극곰

자주 헤엄쳐야 하고, 멀리까지 이동해야 해서 힘들어요.

빠르게 녹는 북극 빙하

수영은 에너지를 많이 써야 하는데…

먹이가 가득

북극고래

빙하가 줄어들면 먹이인 플랑크톤이 많아져서 사냥 성공률이 올라가요.

외뿔고래

얼음의 형태와 위치가 자주 달라져서 틈 사이로 숨쉬기가 힘들어져요.

엥?

조금 전까지 여기에 얼음 틈이 있었는데…!

분포 지역이 달라져요

기후 변화에 따라 다양한 생물의 서식지가 변화하고 있어요.

더 고위도 방향으로

기온 상승 때문에 여러 동물의 분포 지역이 고위도 방향으로 넓어지거나 이동하고 있어요.

더 높은 장소로

고도가 높으면 주변 환경의 온도가 낮아져요. 그래서 높은 장소로 서식지를 옮기는 동물도 많아지고 있어요.

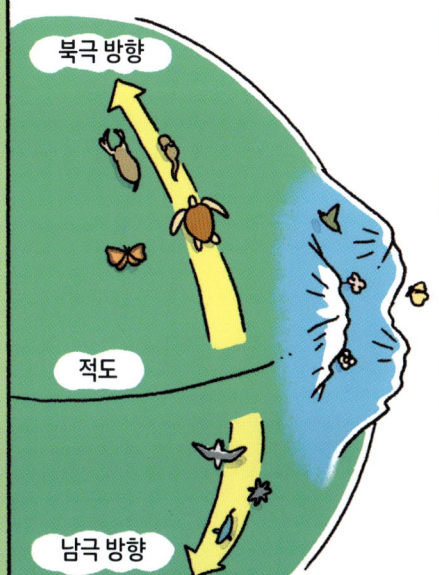

빙글빙글 도는 해양 동물의 비밀

해양 동물을 추적하려면?

동물의 행동을 연구하는 기본적인 방법은 직접 눈으로 관찰하는 거예요. 하지만 관찰하기 어려운 영역도 있지요. 그중 하나가 바다예요. 심해에 살거나 굉장히 넓은 영역을 이동하는 동물은 직접 추적하면서 살펴볼 수 없어요.

사람이 고래상어를 따라다니기는 힘들어요.

육지에서는 뒹굴뒹굴…

동물에게 기계 장치를 매달아 행동을 추적해요

1970년 무렵, 바다표범의 바닷속 움직임을 관찰하기 위해 잠수 깊이를 시간마다 기록하는 기계 장치를 만들었어요. 지금은 깊이뿐만 아니라 헤엄치는 속도, 수온, 가속도, 머리의 방향, 위치 정보, 소리, 영상 등 더욱 다양한 정보를 수집할 수 있게 되었어요.

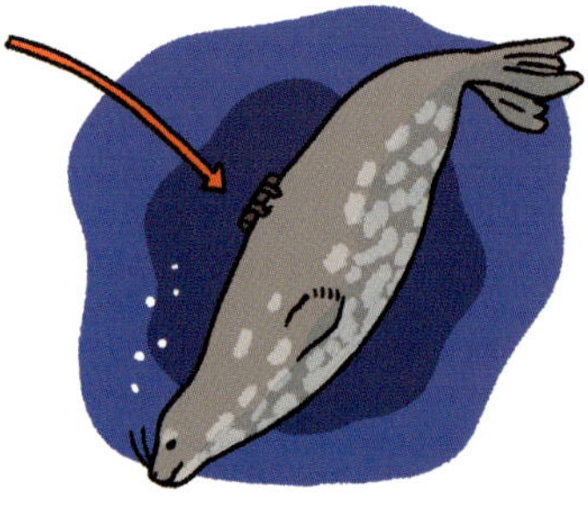

물속 모습이 궁금한데….

동물 행동에 대한 정보가 모이면, 예측하지 못했던 수상한 행동도 발견할 수 있어요. 그런 수수께끼 중 하나가 여러 대형 해양 동물에게서 보이는 빙글빙글 회전하는 행동이에요.

| 알게 된 사실 | **다양한 해양 동물이 빙글빙글 돈다**

도쿄 대학의 나라자키 박사와 연구진은 고래상어, 뱀상어, 푸른바다거북, 황제펭귄, 남극물개, 민부리고래가 주기적으로 빙글빙글 원을 그리며 회전하는 사실을 발견했어요.

이 해양 동물들이 왜 이렇게 빙글빙글 회전하는지 그 이유는 알려지지 않았어요. 어쩌면 잠수정이 빙글빙글 돌며 지구의 자기를 정밀하게 측정하는 것과 해양 동물의 회전 행동 사이에 어떤 관계가 있을지도 몰라요.

동물의 수수께끼를 풀려면?
동물 연구 현장의 이모저모

야생동물 연구는 어떻게 이루어질까요?

야생동물 연구자는 평소에 무슨 연구 활동을 할까요? 나와 친한 연구자들을 예로 들어 설명해 줄게요.

> **남쪽 섬에서 바다거북을 조사해요!**
> 밤마다 모래사장을 순찰해요. 거북의 크기를 잴 때면 온몸이 모래투성이가 된답니다.

> **개복치를 추적해요!**
> 고정된 그물에 개복치가 걸리면, 몸에 기록 장치를 붙여 그 이후의 행동을 추적해요.

> **남극에서 펭귄을 연구해요!**
> 태양이 저물지 않는 '백야'가 이어지는 동안 황제펭귄의 행동을 추적하고 크기를 재요.

> **무인도에서 바닷새를 조사해요!**
> 야외에서 지내며 새를 관찰하고 숫자를 세는 등 계측 활동을 해요.

> **북극권에서 고래를 조사해요!**
> 백야의 북극해를 떠다니는 배에서 생활하며 고래의 행동을 추적해요.

재밌어 보이는 활동이 있나요? 물론 여기에 소개한 연구 활동들은 일부일 뿐이에요. 연구자마다 연구 스타일이 다르니까요. 또한, 연구자에게는 이런 연구 활동을 통해 발견한 성과를 학술 논문으로 정리하는 시간도 꼭 필요하답니다.

즐거움도 가득, 괴로움도 가득? '박사'가 되는 길

연구자가 되려는 많은 사람이 박사 학위를 받기 위해 도전해요. 이번에는 자연과학 분야의 박사 과정을 마치기까지 흐름을 간단하게 설명해 줄게요.

고등학교를 졸업해요.

대학교에서 학부 과정을 거치며 연구해요. (대체로 4년).

대학원에서 석사 과정을 거치며 연구해요. (대체로 2년)

대학원에서 박사 과정을 거치며 연구해요 (대체로 3년).

박사 과정에서는 그동안 열심히 고민했던 연구를 정리해 논문을 써요. 완성한 논문을 여러 교수님이 읽고, 심사를 진행하며 많은 질문을 던져요. 그 질문에 잘 대답하면 심사를 통과해서 박사 학위를 받을 수 있어요. 박사 과정은 대략 3년인데, 너무 어렵고 복잡해서 그 안에 졸업하는 사람이 별로 없는 분야도 있어요. 어떤 분야든 박사가 되는 길이 매우 길고 힘든 것은 분명해요.

새로운 발견을 세계에 알리는 '논문' 쓰기

이 책에서는 동물의 행동에 관한 다양한 학술 논문을 소개했어요. 학술 논문은 어떻게 세상에 나올까요? 자연과학 분야를 예로 들어 설명해 줄게요.

연구 계획을 세워요(방대한 연구를 조사하고, 적절한 질문을 찾아요).

데이터를 모아요(조사 계획을 세운 뒤 이 과정까지 몇 년이나 걸리는 경우도 있어요).

데이터를 해석해요(예상대로 결과가 나오기도 하고 나오지 않기도 해요).

논문을 써요(즐겁지만 굉장한 집중력이 필요한 작업이에요).

완성한 논문을 학술 잡지에 제출해요(두근두근).

두 명 이상의 조사원에게서 개선할 점에 대해 조언을 들어요(열심히 수정해요).

다시 한번 원고를 제출해요(수정과 제출을 여러 번 반복하기도 해요).

완성한 논문을 접수해요(하늘로 날아오를 만큼 기쁜 순간이에요).

학술 논문을 세상에 공개해요(드디어 많은 사람이 읽게 되었어요)!

내 맘대로 질문 코너

여러 연구자에게 물어봤어요! 연구하며 가장 재밌는 순간은?

이론을 바탕으로 동물의 행동을 과학적으로 밝혀냈을 때. 그리고 그와 반대로 이론과 맞지 않는 이상한 행동을 발견했을 때 재미있어요.

세상은 모르고 나만 아는 비밀을 손에 넣었을 때 흥분돼요.

가설과 똑같이 데이터를 모았을 때 기분이 짜릿해요.

우연한 조건 때문에 결과가 크게 달라졌을 때 재미있어요. 연구 과정에서 하나라도 다른 선택을 했다면 중요한 사실을 발견하지 못했을 거라고 생각하는 경우가 종종 있어요.

여러 연구자에게 물어봤어요! 연구에 필요한 능력은?

수학, 물리, 프로그래밍 지식, 어학 능력.

국어, 그중에서도 자기 생각을 잘 전달할 수 있는 문장력.

교양을 기르는 독서 습관. 전 세계의 많은 연구자와 이야기하려면 교양이 높을수록 좋아요.

무엇이든 해내는 초능력자 같은 사람은 별로 없어요. 자기가 좋아하는 것, 잘하는 것을 먼저 배워 두면 도움이 될 거예요.

※ <제18회 일본 바이오로깅(bio-logging) 연구회 심포지엄>의 '고등학생·대학생을 위한 강연회'의 내용 (http://sites.google.com/view/18bls-lecture/questions)에서 발췌 및 편집했어요.

마치며

이 책의 바탕이 된 것은 내가 대학원에 다닐 때 만든 〈과학 논문 일러스트 도감〉이라는 동인지예요. 당시 이벤트와 인터넷 게시판에 조심스럽게 공개했었는데, 그 내용을 본 편집자님이 많이 칭찬해 주셔서 그 후 다양한 주제를 추가해 책으로 완성하게 되었어요.

나는 글을 쓰는 데도 그림을 그리는 데도 시간이 많이 걸리는 편이라 관계자 여러분에게 불편을 많이 끼쳤어요. 연구하는 틈틈이 일러스트를 그리는 일은 생각보다 더 힘들었고, 스케줄대로 작업이 잘 진행되지 않았어요. 그래서 무리한 부탁도 많이 했는데, 이 자리를 빌려 사과와 감사의 말씀을 드리고 싶어요. SB크리에이티브의 다노우에 리카코 씨를 비롯한 편집부 여러분 덕분에 이 책이 무사히 세상에 나올 수 있었어요.

또한, 원고 전체를 자세히 확인해 준 국립환경연구소의 요시다 마코토 박사, 진사회성 곤충에 대해 정성스럽게 조언해 준 오카야마 대학의 후지오카 하루나 박사와 도쿄 공업 대학의 이나가키 다츠야 박사, 원고를 객관적으로 살펴봐 준 나가사키 대학의 나카무라 이츠미 박사와 도쿄 농공 대학의 후쿠오카 다쿠야 박사에게 진심으로 감사해요. 언제나 진지하게 이야기를 들어 주는 동료가 있다는 사실에 든든함과 고마움을 느꼈어요. 그리고 마치 잠들지 말라는 것처럼 나의 손가락을 깨물며 응원(방해)해 준 반려동물 문조에게도 고마워요.

이 책을 읽고 '동물의 행동은 참 흥미롭구나.'라든가 '연구 활동이 참 재밌어 보여.'라고 생각한 친구가 있다면 매우 기쁠 거예요. 여러분의 하루하루가 더욱 즐거워지길 바라요.

2023년 1월, 기노시타 치히로

※ 만약 잘못된 해석이 있다면, 모든 책임은 저자에게 있으니 알려 주기 바랍니다.

미니 동물도감

이 책에 등장한 동물 중에서 주요한 동물을 종류별로 소개합니다!
각 동물의 개성 넘치는 행동이나 생태를 떠올려 보세요.

육지의 포유류

사자 p.106

알락꼬리여우원숭이 p.74

침팬지 p.25, p.84

검은머리카푸친 p.24

집박쥐 p.36

벌거숭이두더지쥐 p.100

유대하늘다람쥐 p.42

바다의 포유류

- 웨들바다표범 p.86
- 북방코끼리물범 p.34 
- 남극물개 p.141 
- 큰돌고래 p.26, p.92 
- 범고래 p.90 
- 남방참고래 p.54 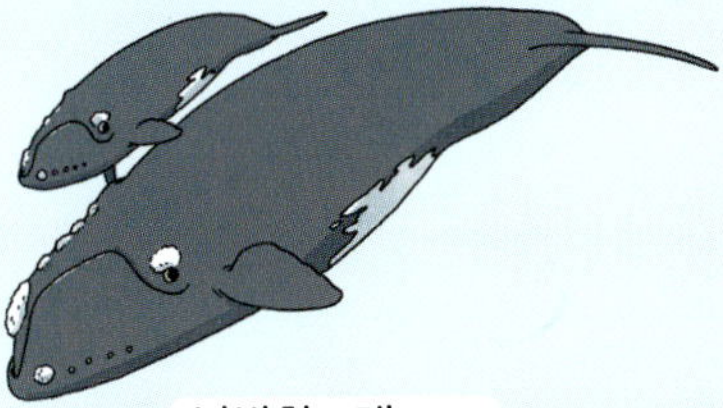
- 민부리고래 p.141 
- 혹등고래 p.18 

연골어류

뱀상어 p.141

고래상어 p.141

어류

뱀장어 p.52

개복치 p.20

전기뱀장어 p.16

북방참다랑어 p.43

니그리칸스자리돔 p.14

연어 p.122

임연수어 p.30

곤충류

재래꿀벌 p.62

서양뒤영벌 p.12

보스네센스키뒤영벌 (Bombus vosnesenskii) p.43

유럽쌍살벌 p.96

소로르장수말벌 (Vespa soror) p.62

파충류

- 푸른바다거북 p.128, p141
- 붉은바다거북 p.112, p128
- 목무늬도마뱀 p.76
- 버마비단뱀 p.42
- 장수거북 p.38, p.43

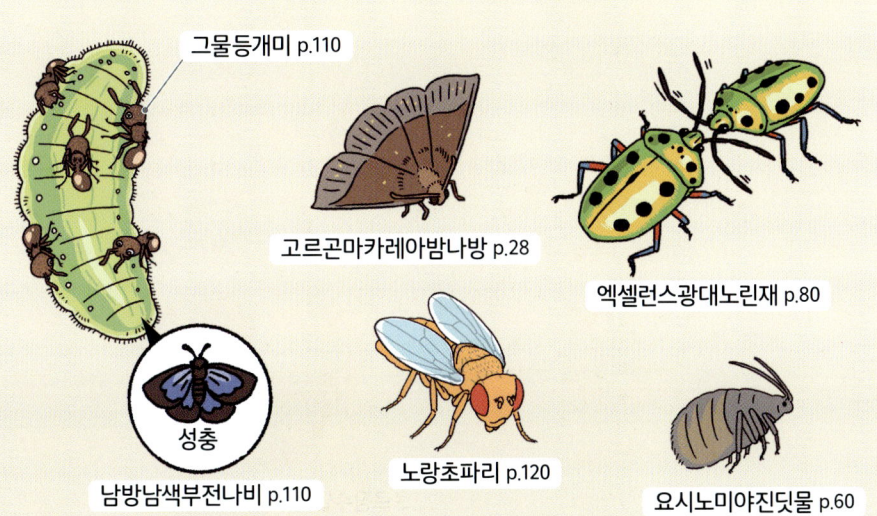

- 그물등개미 p.110
- 고르곤마카레아밤나방 p.28
- 엑셀런스광대노린재 p.80
- 남방남색부전나비 p.110 (성충)
- 노랑초파리 p.120
- 요시노미야진딧물 p.60

조류

집참새 p.95

목도리딱새 p.95

황금날개솔새 p.116

흰목벌잡이새 p.108

해리스참새 p.94

코스타벌새 p.72

솔개 p.32

이집트대머리수리 p.26

협각류

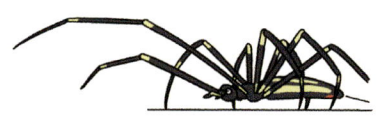

황금무당거미
(자이언트황금무당거미) p.126

양서류

일본산개구리 p.46

큰바우어새 p.78

뉴칼레도니아까마귀 p.27

까마귀 p.27

큰흰배슴새 p.88

갈색얼가니새 p.22

슴새 p.118

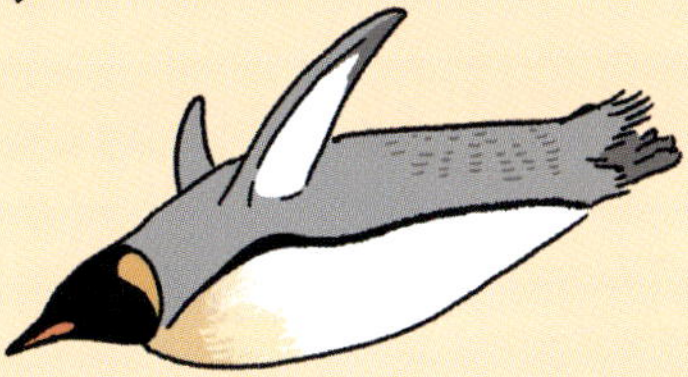

황제펭귄 p.42, p.141

아델리펭귄 p.134

갑각류

미국가재 p.68

카리브해닭새우 p.98

성게류

모래무치염통성게 p.124

참고문헌

제1장

[pp.12–13] Pashalidou, F. G., Lambert, H., Peybernes, T., Mescher, M. C., & De Moraes, C. M. (2020). Bumble bees damage plant leaves and accelerate flower production when pollen is scarce. Science, 368, pp.881–884.

[pp.14–15] Hata, H., & Kato, M. (2002). Weeding by the herbivorous damselfish Stegastes nigricans in nearly monocultural algae farms. Marine Ecology Progress Series, 237, pp.227–231.

Hata, H., Nishihira, M., & Kamura, S. (2002). Effects of habitat-conditioning by the damselfish Stegastes nigricans (Lacèpde) on the community structure of benthic algae. Journal of experimental marine biology and ecology, 280, pp.95–116.

Hata, H., & Kato, M. (2003). Demise of monocultural algal farms by exclusion of territorial damselfish. Marine Ecology Progress Series, 263, pp.159–167.

[pp.16–17] Catania, K. (2014). The shocking predatory strike of the electric eel. Science, 346, pp.1231–1234.

Catania, K. C. (2015). Electric eels concentrate their electric field to induce involuntary fatigue in struggling prey. Current Biology, 25, pp.2889–2898.

[pp.18–19] McMillan, C. J., Towers, J. R., & Hildering, J. (2019). The innovation and diffusion of "trap-feeding," a novel humpback whale foraging strategy. Marine Mammal Science, 35, pp.779–796.

[pp.20–21] Nakamura, I., Goto, Y., & Sato, K. (2015). Ocean sunfish rewarm at the surface after deep excursions to forage for siphonophores. Journal of Animal Ecology, 84, pp.590–603.

[pp.22–23] Yoda, K., Murakoshi, M., Tsutsui, K., & Kohno, H. (2011). Social interactions of juvenile brown boobies at sea as observed with animal-borne video cameras. PLoS One, 6, e19602.

[pp.24–27] Seed, A., & Byrne, R. (2010). Animal tool-use. Current Biology, 20, R1032–R1039.

아라이 가나미, 미카미 가쓰라, & 미카미 오사무(2019), 까마귀(Corvus corone)의 호두까기 행동: 하코다테시에서 차를 이용한 호두까기 행동, 『일본조학회지』 68, p.43–51.

[pp.28–29] Moraes, L. J. C. L. (2019). Please, more tears: a case of a moth feeding on antbird tears in central Amazonia. Ecology, 100, e02518.

[pp.30–31] Kitagawa, T., Nakagawa, T., Kimura, R., Niino, H., & Kimura, S. (2011). Vortex flow produced by schooling behavior of arabesque greenling Pleurogrammus azonus. Fisheries Science, 77, pp.217–222.

[pp.32–33] Bonta, M., Gosford, R., Eussen, D., Ferguson, N., Loveless, E., & Witwer, M. (2017). Intentional fire-spreading by "Firehawk" raptors in Northern Australia. Journal of Ethnobiology, 37, pp.700–718.

[pp.34–35] Adachi, T., Naito, Y., Robinson, P. W., Costa, D. P., Hückstädt, L. A., Holser, R. R., ... & Takahashi, A. (2022). Whiskers as hydrodynamic prey sensors in foraging seals. Proceedings of the National Academy of Sciences, 119, e2119502119.

[pp.36–37] Fujioka, E., Aihara, I., Watanabe, S., Sumiya, M., Hiryu, S., Simmons, J. A., ... & Watanabe, Y. (2014). Rapid shifts of sonar attention by Pipistrellus abramus during natural hunting for multiple prey. The Journal of the Acoustical Society of America, 136, pp.3389–3400.

Fujioka, E., Aihara, I., Sumiya, M., Aihara, K., & Hiryu, S. (2016). Echolocating bats use future-target information for optimal foraging. Proceedings of the National Academy of Sciences, 113, pp.4848–4852.

[pp.38–39] Heaslip, S. G., Iverson, S. J., Bowen, W. D., & James, M. C. (2012). Jellyfish support high energy intake

[pp.40–43]

of leatherback sea turtles (Dermochelys coriacea): video evidence from animal-borne cameras. PLoS one, 7, e33259.

Hays, G. C., Doyle, T. K., & Houghton, J. D. R.(2018). A paradigm shift in the trophic importance of jellyfish?. Trends in Ecology & Evolution, 33, pp.874–884.

크누트 슈미트 닐센, 누마타 히데하루/나카지마 야스시로 역, 『동물생리학[원서 제5판]』 (도쿄대학출판회, 2007년)

Nowack, J., Rojas, A. D., Körtner, G., & Geiser, F. (2015). Snoozing through the storm: torpor use during a natural disaster. Scientific Reports, 5, srep11243.

Handrich, Y., Bevan, R. M., Charrassin, J. B., Butler, P. J., Ptz, K., Woakes, A. J., ... & Maho, Y. L. (1997). Hypothermia in foraging king penguins. Nature, 388, pp.64–67.

Van Mierop, L. H. S., & Barnard, S. M. (1976). Thermoregulation in a brooding female Python molurus bivittatus (Serpentes: Boidae). Copeia, 1976, pp.398–401.

Casey, J. P., James, M. C., & Williard, A. S. (2014). Behavioral and metabolic contributions to thermoregulation in freely swimming leatherback turtles at high latitudes. Journal of Experimental Biology, 217, pp.2331–2337.

Southwood, A. L., Andrews, R. D., Paladino, F. V., & Jones, D. R. (2005). Effects of diving and swimming behavior on body temperatures of Pacific leatherback turtles in tropical seas. Physiological and Biochemical Zoology, 78, pp.285–297.

Kitagawa, T., Abe, T. K., Kubo, K., Fujioka, K., Fukuda, H., & Tanaka, Y. (2022). Rapid endothermal development of juvenile pacific bluefin tuna. Frontiers in Physiology, PMC9437213.

Heinrich, B. (1972). Physiology of brood incubation in the bumblebee queen, Bombus vosnesenskii. Nature, 239, pp.223–225.

제2장

[pp.46–47]

Kishida, O., & Nishimura, K. (2005). Multiple inducible defences against multiple predators in the anuran tadpole, Rana pirica. Evolutionary Ecology Research, 7, pp.619–631.

Kishida, O., & Nishimura, K. (2006). Flexible architecture of inducible morphological plasticity. Journal of Animal Ecology, 75, pp.705–712.

[pp.48–51]

미우라 도루, 『표현형 가소성의 생물학』 (니혼효론샤, 2016년)

Levitan, D. R. (1988). Density-dependent size regulation and negative growth in the sea urchin Diadema antillarum Philippi. Oecologia, 76, pp.627–629.

Neufeld, C. J., & Palmer, A. R. (2008). Precisely proportioned: intertidal barnacles alter penis form to suit coastal wave action. Proceedings of the Royal Society B: Biological Sciences, 275, pp.1081–1087.

Secor, S. M. (2008). Digestive physiology of the Burmese python: broad regulation of integrated performance. Journal of Experimental Biology, 211, pp.3767–3774.

Emlen, D. J. (2000). Integrating development with evolution: a case study with beetle horns: results from studies of the mechanisms of horn development shed new light on our understanding of beetle horn evolution. BioScience, 50, pp.403–418.

[pp.52–53]

Hasegawa, Y., Yokouchi, K., & Kawabata, Y. (2022). Escaping via the predator's gill: A defensive tactic of juvenile eels after capture by predatory fish. Ecology, 103, e3612.

[pp.54–55]

Nielsen, M. L. K., Bejder, L., Videsen, S. K. A., Christiansen, F., & Madsen, P. T. (2019). Acoustic crypsis

[pp.56–59]
in southern right whale mother-calf pairs: infrequent, low-output calls to avoid predation? Journal of Experimental Biology, 222, jeb190728.

스즈키 다카오(2016), 나비와 나방의 의태모양의 유전적 기반과 그 진화, 『화학과 생물』 54, pp.351–357.

고도 구미코, 오바 유이치, 야기누마 도시노부&니미 데루유키(2008), 무당벌레와 관련한 의태, 『비교내분비학』 34, pp.219–221.

Reed, R. D., Papa, R., Martin, A., Hines, H. M., Counterman, B. A., Pardo-Diaz, C., ... & McMillan, W. O. (2011). Optix drives the repeated convergent evolution of butterfly wing pattern mimicry. Science, 333, pp.1137–1141.

[pp.60–61]
Uematsu, K., Kutsukake, M., Fukatsu, T., Shimada, M., & Shibao, H. (2010). Altruistic colony defense by menopausal female insects. Current Biology, 20, pp.1182–1186.

[pp.62–63]
Mattila, H. R., Otis, G. W., Nguyen, L. T. P., Pham, H. D., Knight, O. M., & Phan, N. T. (2020). Honey bees (Apis cerana) use animal feces as a tool to defend colonies against group attack by giant hornets (Vespa soror). PLoS One, 15, e0242668.

[pp.64–67]
Matsuura, K., (2020). Genomic imprinting and evolution of insect societies. Population Ecology, 62, pp.38–52.

Matsuura, K., Vargo, E. L., Kawatsu, K., Labadie, P. E., Nakano, H., Yashiro, T., & Tsuji, K. (2009). Queen succession through asexual reproduction in termites. Science, 323, p.1687.

미우라 도루 『표현형 가소성의 생물학』 (니혼효론샤, 2016년)

[pp.68–69]
Daws, A. G., Grills, J., Konzen, K., & Moore, P. A. (2002). Previous experiences alter the outcome of aggressive interactions between males in the crayfish, Procambarus clarkii. Marine and Freshwater Behaviour and Physiology, 35, pp.139–148.

제3장

[pp.72–73]
Simpson, R. K., & McGraw, K. J. (2018). It's not just what you have, but how you use it: solar-positional and behavioural effects on hummingbird colour appearance during courtship. Ecology letters, 21, pp.1413–1422.

[pp.74–75]
Shirasu, M., Ito, S., Itoigawa, A., Hayakawa, T., Kinoshita, K., Munechika, I., ... & Touhara, K. (2020). Key male glandular odorants attracting female ring-tailed lemurs. Current Biology, 30, pp.2131–2138.

[pp.76–77]
Sinervo, B., & Lively, C. M. (1996). The rock-paper-scissors game and the evolution of alternative male strategies. Nature, 380, pp.240–243.

[pp.78–79]
Endler, J. A., Endler, L. C., & Doerr, N. R. (2010). Great bowerbirds create theaters with forced perspective when seen by their audience. Current Biology, 20, pp.1679–1684.

Kelley, L. A., & Endler, J. A. (2012). Illusions promote mating success in great bowerbirds. Science, 335, pp.335–338.

[pp.80–81]
Mukai, H., Takanashi, T., & Yamawo, A. (2022). Elaborate mating dances: Multimodal courtship displays in jewel bugs. Ecology, 103, e3632.

제4장

[pp.84–85]
Reddy, R. B., & Sandel, A. A. (2020). Social relationships between chimpanzee sons and mothers endure but change during adolescence and adulthood. Behavioral Ecology and Sociobiology, 74, 150.

[pp.86–87]
Sato, K., Mitani, Y., Naito, Y., & Kusagaya, H. (2003). Synchronous shallow dives by Weddell seal mother-pup pairs during lactation. Marine Mammal Science, 19, pp.384–395.

[pp.88–89]   Shoji, A., Aris-Brosou, S., Fayet, A., Padget, O., Perrins, C., & Guilford, T. (2015). Dual foraging and pair coordination during chick provisioning by Manx shearwaters: empirical evidence supported by a simple model. Journal of Experimental Biology, 218, pp.2116–2123.

[pp.90–91]   Nattrass, S., Croft, D. P., Ellis, S., Cant, M. A., Weiss, M. N., Wright, B. M., ... & Franks, D. W. (2019). Postreproductive killer whale grandmothers improve the survival of their grandoffspring. Proceedings of the National Academy of Sciences, 116, pp.26669–26673.

[pp.92–93]   Bruck, J. N., Walmsley, S. F., & Janik, V. M. (2022). Cross-modal perception of identity by sound and taste in bottlenose dolphins. Science Advances, 8, eabm7684.

[pp.94–97]   Rohwer, S. (1985). Dyed birds achieve higher social status than controls in Harris' sparrows. Animal Behaviour, 33, pp.1325–1331.

Pärt, T. & Qvarnström, A. (1997). Badge size in collared flycatchers predicts outcome of male competition over territories. Animal Behaviour, 54, pp.893–899.

McGraw, K. J., Dale, J., & Mackillop, E. A. (2003). Social environment during molt and the expression of melanin-based plumage pigmentation in male house sparrows (Passer domesticus). Behavioral ecology and Sociobiology, 53, pp.116–122.

Tibbetts, E. A., & Dale, J. (2004). A socially enforced signal of quality in a paper wasp. Nature, 432, pp.218–222.

[pp.98–99]   Behringer, D. C., Butler, M. J., & Shields, J. D. (2006). Avoidance of disease by social lobsters. Nature, 441, p.421.

Anderson, J. R., & Behringer, D. C. (2013). Spatial dynamics in the social lobster Panulirus argus in response to diseased conspecifics. Marine Ecology Progress Series, 474, pp.191–200.

[pp.100–101]   Braude, S., Hess, J., & Ingram, C. (2021). Inter-colony invasion between wild naked mole-rat colonies. Journal of Zoology, 313, pp.37–42.

[pp.102–105]   Davies, N. B., Krebs, J. R., & West,S. A. 노마구치 신타로, 이와사 요 역, 『데이비스, 크렙스, 웨스트 행동생태학 원서 4판』(쿄리츠슛판, 2015년)

Duncan, P., & Vigne, N. (1979). The effect of group size in horses on the rate of attacks by blood-sucking flies. Animal Behaviour, 27, pp.623–625.

Neill, S., & Cullen, J. M. (1974). Experiments on whether schooling by their prey affects the hunting behaviour of cephalopods and fish predators. Journal of Zoology, 172, pp.549–569.

Kenward, R. E. (1978). Hawks and doves: factors affecting success and selection in goshawk attacks on woodpigeons. Journal of Animal Ecology, 47, pp.449–460.

Wright, J., Stone, R. E., & Brown, N. (2003). Communal roosts as structured information
centres in the raven, Corvus corax. Journal of Animal Ecology, 72, pp.1003–1014.

Creel, S. (1997). Cooperative hunting and group size: assumptions and currencies. Animal Behaviour, 54, pp.1319–1324.

Brown, C. R., & Brown, M. B. (2004). Group size and ectoparasitism affect daily survival probability in a colonial bird. Behavioral Ecology and Sociobiology, 56, pp.498–511.

[pp.106–107]   Stander, P. E. (1992). Cooperative hunting in lions: the role of the individual. Behavioral Ecology and Sociobiology, 29, pp.445–454.

[pp.108–109]   Emlen, S. T., & Wrege, P. H. (1988). The role of kinship in helping decisions among white-fronted bee-eaters. Behavioral Ecology and Sociobiology, 23, pp.305–315.

[pp.110–111] Emlen, S. T. (1982). The evolution of helping. I. An ecological constraints model. The American Naturalist, 119, pp.29–39.

Emlen, S. T., & Wrege, P. H. (1989). A test of alternate hypotheses for helping behavior in white-fronted bee-eaters of Kenya. Behavioral Ecology and Sociobiology, 25, pp.303–319.

Hojo, M. K., Pierce, N. E., & Tsuji, K. (2015). Lycaenid caterpillar secretions manipulate attendant ant behavior. Current Biology, 25, pp.2260–2264.

[pp.112–113] Hayashi, R. (2011). Atlas of the barnacles on marine vertebrates in Japanese waters including taxonomic review of superfamily Coronuloidea (Cirripedia: Thoracica). Journal of the Marine Biological Association of the United Kingdom, 92, pp.107–127.

Tanabe, Y., Hayashi, R., Tomioka, S., & Kakui, K. (2017). Hexapleomera urashima sp. nov.(Crustacea: Tanaidacea), a tanaidid epibiotic on loggerhead sea turtles at Yakushima Island, Japan. Zootaxa, 4353, pp.146–160.

Tanaka, H., & Hayashi, R. (2019). Chelonocytherois omutai gen. et sp. nov.(Crustacea: Ostracoda) from the back of loggerhead sea turtles. Zootaxa, 4624, pp.507–522.

제5장

[pp.116–117] Streby, H. M., Kramer, G. R., Peterson, S. M., Lehman, J. A., Buehler, D. A., & Andersen, D. E. (2015). Tornadic storm avoidance behavior in breeding songbirds. Current Biology, 25, pp.98–102.

[pp.118–119] Yoda, K., Yamamoto, T., Suzuki, H., Matsumoto, S., Müller, M., & Yamamoto, M. (2017). Compass orientation drives naïve pelagic seabirds to cross mountain ranges. Current Biology, 27, R1152–R1153.

[pp.120–121] Burger, J. M. S., Kolss, M., Pont, J., & Kawecki, T. J. (2008). Learning ability and longevity: a symmetrical evolutionary trade-off in Drosophila. Evolution; International Journal of Organic Evolution, 62, pp.1294–1304.

[pp.122–123] Makiguchi, Y., Nagata, S., Kojima, T., Ichimura, M., Konno, Y., Murata, H., & Ueda, H. (2009). Cardiac arrest during gamete release in chum salmon regulated by the parasympathetic nerve system. PLoS One, 4, e5993.

[pp.124–125] Seike, K., Shirai, K., & Kogure, Y. (2013). Disturbance of shallow marine soft-bottom environments and megabenthos assemblages by a huge tsunami induced by the 2011 M9. 0 Tohoku-Oki earthquake. PLoS One, 8, e65417.

Seike, K., Sassa, S., Shirai, K., & Kubota, K. (2018). Lasting impact of a tsunami event on sediment-organism interactions in the ocean. Journal of Geophysical Research: Oceans, 123, pp.1376–1392.

[pp.126–127] Peng, P., Stuart-Fox, D., Chen, S. W., Tan, E. J., Kuo, G. L., Blamires, S. J., ... & Elgar, M. A. (2020). High contrast yellow mosaic patterns are prey attractants for orb-weaving spiders. Functional Ecology, 34, pp.853–864.

[pp.128–129] Fukuoka, T., Yamane, M., Kinoshita, C., Narazaki, T., Marshall, G. J., Abernathy, K. J., ... & Sato, K. (2016). The feeding habit of sea turtles influences their reaction to artificial marine debris. Scientific Reports, 6, srep28015.

[pp.130–133] 브라이언 헤어, 버네사 우즈, 이민아 역, 『다정한 것이 살아남는다』, (디플롯, 2021년)

리처드 C. 프랜시저자, 니시오 가나에 역, 『가축화라는 진화』(하쿠요샤, 2019년)

[pp.134–135] Watanabe, Y. Y., Ito, K., Kokubun, N., & Takahashi, A. (2020). Foraging behavior links sea ice to breeding success in Antarctic penguins. Science Advances, 6, eaba4828.

[pp.136–139]   Urry, L. A., Cain, M. L., Wasserman, S. A., Minorsky, P. V., Reece, J. B. 외 역, 전상학,『캠벨 생명과학 11판』(바이오사이언스, 2019년)

Millien, V., Ledevin, R., Boué, C., & Gonzalez, A. (2017). Rapid morphological divergence in two closely related and co-occurring species over the last 50 years. Evolutionary Ecology, 31, pp.847–864.

Miller-Struttmann, N. E., Geib, J. C., Franklin, J. D., Kevan, P. G., Holdo, R. M., Ebert-May, D., ... & Galen, C. (2015). Functional mismatch in a bumble bee pollination mutualism under climate change. Science, 349, pp.1541–1544.

Gardner, J. L., Peters, A., Kearney, M. R., Joseph, L., & Heinsohn, R. (2011). Declining body size: a third universal response to warming? Trends in Ecology & Evolution, 26, pp.285–291.

Hays, G. C., Mazaris, A. D., Schofield, G., & Laloë, J. O. (2017). Population viability at extreme sex-ratio skews produced by temperature-dependent sex determination. Proceedings of the Royal Society B: Biological Sciences, 284, 20162576.

Bertram, D. F., Mackas, D. L., & McKinnell, S. M. (2001). The seasonal cycle revisited: interannual variation and ecosystem consequences. Progress in Oceanography, 49, pp.283–307.

Mainwaring, M. C., Barber, I., Deeming, D. C., Pike, D. A., Roznik, E. A., & Hartley, I. R. (2017). Climate change and nesting behaviour in vertebrates: a review of the ecological threats and potential for adaptive responses. Biological Reviews, 92, pp.1991–2002.

Rodgers, E. M., Franklin, C. E., & Noble, D. W. A. (2021). Diving in hot water: a meta-analytic review of how diving vertebrate ectotherms will fare in a warmer world. Journal of Experimental Biology, 224, jeb228213.

Pagano, A. M., & Williams, T. M. (2021). Physiological consequences of Arctic sea ice loss on large marine carnivores: unique responses by polar bears and narwhals. Journal of Experimental Biology, 224, jeb228049.

Kumagai, N. H., García Molinos, J., Yamano, H., Takao, S., Fujii, M., & Yamanaka, Y. (2018). Ocean currents and herbivory drive macroalgae-to-coral community shift under climate warming. Proceedings of the National Academy of Sciences, 115, pp.8990–8995.

Wilson, R. J., Gutiérrez, D., Gutiérrez, J., Martínez, D., Agudo, R., & Monserrat, V. J. (2005). Changes to the elevational limits and extent of species ranges associated with climate change. Ecology letters, 8, pp.1138–1146.

[pp.140–141]   Narazaki, T., Nakamura, I., Aoki, K., Iwata, T., Shiomi, K., Luschi, P., ... & Sato, K. (2021). Similar circling movements observed across marine megafauna taxa. iScience, 24, 102221.

글·그림 기노시타 치히로

일본 오카야마현에서 태어났어요. 도쿄 대학 대학원의 농학생명과학 연구과를 졸업한 농학 박사예요. 도쿄 대학 대기해양연구소의 특임연구원을 거쳐, 2022년부터 메이조 대학에서 일본학술진흥회 특별연구원 PD로 일하고 있어요. 전문 분야는 행동생태학과 잠수생리학이에요. 바다거북과 바닷새를 연구하면서 일러스트레이터와 디자이너로 활동하고 있지요. 잡지에 원고를 다수 투고했으며, 월간 잡지 《수많은 불가사의》의 2022년 11월호에 '왜 너희는 뱅글뱅글 회전할까?'의 그림을 담당하기도 했어요.

옮김 허영은

홍익대학교에서 미술사학을 전공하고 미술관과 박물관에서 학예연구사로 일했어요. 현재는 바른번역 소속 번역가로 활동하며 출판 기획과 번역에 힘쓰고 있지요. 옮긴 책으로는 《또 이유가 있어서 멸종했습니다》, 《하루 한 장 초등과학 365》, 《동글동글 귀여운 고생물 도감》, 《고마워! 세상을 바꾼 신기한 생물들》 등이 있어요.

감수 한영식

다양한 곤충의 세상에 매료되어 곤충을 탐사하고 연구하는 곤충연구가로, 현재 곤충 생태교육연구소 〈한숲〉 대표로 활동하고 있습니다. 숲 해설가, 유아 숲 지도사, 자연환경 해설사 양성과정 등 자연교육을 진행 중이며 KBS, SBS, EBS 등의 다큐 방송에 자문을 제공하고 있습니다. 저서로는 《여름 숲속에서 반딧불이가 반짝여!》, 《곤충 학습 도감》, 《봄·여름·가을·겨울 곤충도감》, 《신기한 곤충 이야기》, 《곤충쉽게찾기》, 《쉬운 곤충책》, 《궁금했어, 곤충》, 《우리와 함께 살아가는 곤충 이야기》 등이 있습니다.

2024년 5월 10일 1판 1쇄 발행

저자 **기노시타 치히로** | 번역 **허영은** | 감수 **한영식**
펴낸이 **문제천** | 펴낸곳 **㈜은하수미디어**
편집진행 **문미라** | 편집 **임소현, 방기은** | 편집지원 **김혜영**
디자인 **류현정** | 제작책임 **문제천**
주소 서울시 송파구 송이로32길 18, 405 (문정동, 4층)
대표전화 (02)449-2701 | 팩스 (02)404-8768 | 편집부 (02)3402-1386
출판등록 제22-590호(2000. 7. 10.)
©2024, Eunhasoo Media Publishing Co., Ltd.

Ikimono 'Nande?' Kodo Note
Copyright ©2023 Chihiro Kinoshita
First published in Japan in 2023 by SB Creative Corp.
Korean translation rights arranged with SB Creative Corp.
through JM Contents Agency Co.
Korean edition copyright ©2024 by Eunhasoo Media Co., Ltd.

이 책의 한국어판 저작권은 JMCA 에이전시와 독점 계약한 ㈜은하수미디어에 있습니다.
저작권법에 의해 한국 내에서 보호를 받는 저작물이므로 무단 전재 및 무단 복제를 금합니다.

주의! 종이가 날카로워 손을 베일 수 있으므로 주의하십시오.
파본은 구입처에서 교환해 드립니다. 사용 중 발생한 파손은 교환 대상에 해당되지 않습니다.